話說到點子上

言不順，則事不成

黃世然 編著

贏家 30

話說到點子上：言不順，則事不成！

編　　著　黃世然
出 版 者　大拓文化事業有限公司
執行編輯　林秀如
封面設計　林鈺恆
內文排版　姚恩涵

總 經 銷　永續圖書有限公司
劃撥帳號　18669219
地　　址　22103 新北市汐止區大同路三段一九十四號九樓之一
TEL　（〇二）八六四七—三六六三
FAX　（〇二）八六四七—三六六〇
E-mail　yungjiuh@ms45.hinet.net
網　址　www.foreverbooks.com.tw

CVS代理　美璟文化有限公司
TEL　（〇二）二七二三—九九六八
FAX　（〇二）二七二三—九六六八

法律顧問　方圓法律事務所　涂成樞律師

出 版 日◇ 二〇一九年二月

國家圖書館出版品預行編目資料

話說到點子上：言不順,則事不成! / 黃世然編著.
-- 初版. -- 新北市：大拓文化, 民108.02
面；　公分. -- (贏家；30)
ISBN 978-986-411-089-6(平裝)
1.說話藝術 2.溝通技巧 3.說服
192.32　　107022538

序　言

人際交往中，別人喜歡或者憎厭你的感情，別人對待你的態度，是由你的社交水平、品味，你為人處世的習慣，以及說話辦事的方式所決定的。在生活中，你能不能搞好各方面的關係，能不能在社會上爭得一席之地，能不能安詳自在地生活，都取決於你處世計謀的高低。

在現代社會，不管你有意識或無意識，不管你主動或被動，不管你喜歡或厭惡，你都被挾裹在紛繁複雜的社會人事之中。如果你想做成一件事，就要潛心研究對策和計謀，不要跟對手硬碰硬，要以巧取勝，這樣才能減少減小阻力，增加成功的可能性。為人不能沒有手段，處世必須講究計謀。只有掌握了為人處世的智謀和方法，經營事業和人生，才能達到無往不勝、左右逢源的高超境界。

自然界中的生物遵循著一定的生存法則，即相互競爭，在競爭中實現優勝劣汰，促進物種的發展。不僅在自然界如此，人類社會也是如此，而生存的法則就是社會上日益激烈的競爭，並且這種競爭滲透在我們日常生活的各個領域。那些願意努力、善於學習、擁有較強競爭能力的人，將會在生活中佔有更多有利的資源，獲得更大的發展空間。

目錄

CHAPTER 1 提高說服能力

CHAPTER 2

話要說到點子上

話 說到點子上 言不順，則事不成

目錄

CHAPTER 3
如何推掉自己不想做的事

CHAPTER 4
你應該掌握的辯駁技巧

話

說到點子上

言不順，則事不成

CHAPTER 1

提高說服能力

說服他人，使他人相信自己並產生行動是我們在日常生活中經常遇到的。無論是交友還是工作；無論是買賣商品還是談判協商，都離不開說服和引導。最有效的說服，就是能夠讓對方不知不覺地產生參與感。

一位西方宣傳理論家指出：單靠理性論據去說服人，過程太長而且往往還靠不住。應該首先對情感發生影響。說服別人動搖、改變、放棄己見或信服、同意、採納你的主張，實質上是一場從精神上征服人心的戰鬥，但又不能使對方有絲毫被迫接受的感覺。

01 有自信才有說服力

為人處世中一項最重要的資本就是自信。你有了足夠的自信，才更容易讓別人相信你，你才有說服力、影響力。一個人是否充滿自信會在他的交談中表露無遺。顯示自信要求在視覺上、聲音上、用詞上保持態度的一致性。以下是在幾種具體談話場合中如何表現自信的建議：

一、提要求時

提要求的最好方式是詢問，而不是暗示、強求、暗中控制。暗示通常是無效的，因為它顯得含糊不清，常不被察覺，或被察覺了也會很容易受到忽視。以暗示形式表達的要求常不會受到認真對待。

另一方面，直接命令誰去做什麼常會導致產生反抗情緒。當你發出強制性的命令時，別人常會憎恨自己迫不得已去服從，而憎恨也常會導致憤怒、敵意和故意的破壞。操縱別人去做什麼，等於剝奪了別人的選擇權。

提要求時的自信態度是直率地、有針對性地問別人你是否可得到你想要的什麼。直率提出要求，意味著你會對自己所提的要求負責，並允許別人選擇是接受還是拒絕。顯然，直率的方式會更有效。自信地提要求意味著表明你的需要，進而請求對方給予一個行動或一個理由。

二、說「不」時

自信的一個基本要素，是有能力拒絕別人的要求。有些人在說「不」時常難以啟口，於是他們做了好事又恨它，或感覺受到了責任的困擾；有些人則以暗示、抱怨、欺騙、哀怨或責備的方式說「不」，這是沒自信的表現。

武斷的人在不樂意地對待別人的請求時，會顯得暴躁甚至出現謾罵現象。自信從容的人則會毫不猶豫地直說「不」，並且不會加上長長的解釋詞和道歉話，他們不會陷入歉意感，或有被迫、被誘使去進入答應別人要求的圈套那種感覺。

三、提出批評時

生活中，我們常常需要對別人的行為或工作表現提出批評。作為一個積極自信的人，在批評別人時能保持堅定而公正是其優秀品德的最好顯示，重要的一點是在對接受批評的人表示委婉和同情時，要顯得直率、明瞭並誠懇。許多人在批評別人時感到為難，常常無法很好地掌握分寸。

建設性的批評最好是描述一下所發生的問題，指出為什麼它是個問題，然後提出具體的糾正要求，開誠佈公地與之討論制訂一個改正的方案。

例如，一位自信的經理會這樣表達他的批評：「瑞奇，你寫的這份報告中的市場計劃部分不夠詳細，你知道沒有足夠的資料便無法做出能獲得批准的銷售預算。你能否把這個部分重新寫一下，把你的所有市場銷售計劃及其時間安排都增補進去？」然後針對有關問題的對話便可進行下去，經理可問：「你知道我需要的是什麼嗎？你能在星期五之前交給我嗎？」

以這樣直率、自信的方式提出批評有許多好處，因為它有針對性，能使糾正變得比較容易，這避免了評價和當面點出被批評者名字，它處理的是與工作有關的行為而不是別人的隱私，它鼓勵的是雙向交流以增進相互理解並促使問題得到改變，使批評雙方都能避開吹毛求疵傾向而產生積極樂觀的氛圍，由此所批評的問題便有可能得到解決。

02 巧用增強說服力的心理戰術

在日常生活中，人們常常遇到這樣一種情景：你在與別人爭論某個問題，分辯自己的觀點是正確的，但就是不能說服對方，有時還會被對方「駁」得啞口無言。這是什麼原因呢？

心理學家認為，要爭取別人贊同自己的觀點，光是觀點正確還不夠，還要掌握微妙的交往技術。心理學家經過研究，提出了許多增強說服力的方法，其中最基本、最實用的是以下幾種。

一、利用「居家優勢」

鄰居家的一棵大樹盤根錯節，枝葉茂盛，遮住了你家後園菜地的陽光，你想與他商量一下這個問題，是應該到他家去呢，還是請他到你家來？

心理學家拉爾夫·泰勒等人曾經按支配能力（即影響別人的能力），把一群大學生分成上、中、下三等，然後各取一等組成一個小組，讓他們討論大學十個預算削減計劃中哪一個最好。一半的小組在支配能力高的學生寢室裡，一半在支配能力低的學生寢室裡。

泰勒發現，討論的結果總是按照寢室主人的意見行事，即使主人是低支配力的學生。

由此可見，一個人在自己或自己熟悉的環境中比在別人的環境中更有說服力，在日常生活中應充分利用居家優勢，如果不能在自己家中或辦公室裡討論事情，也應盡量爭取在中性環境中進行，這樣對方也沒有居家優勢。

二、修飾儀表

你想讓上級在申請書上簽字，你是會不顧麻煩精心修飾一下儀表呢，還是相信別人會聽其言而不觀其貌？

我們通常認為，自己受到別人的言談比受到別人的外表的影響要大得多，其實並不盡然。我們會不自覺地以衣冠取人。

有人透過實驗證明，穿著打扮不同的人，尋求路人的幫助，那些儀表堂堂、有吸引力的人，要比那些不修邊幅的人會有更多的成功可能。因此，在試圖說服別人的時候，一定要注重儀表。

三、使自己等同於對方

你試圖鼓動一夥青年去清掃某塊地方，而他們卻情願到別的地方去，你怎樣引起他們的興趣呢？許多研究者發現，如果你試圖改變某人的個人愛好，你越是使自己等同於他，你就越具有說服力。

例如，一個優秀的推銷員總是使自己的聲調、音量、節奏與顧客相稱。甚至身體姿勢、呼吸等，也無意識地與顧客一致。這是因為，人類具有相信「自己人」的傾向。正如一位心理學家所說的：「一個造酒廠的老闆可以告訴你為什麼一種啤酒比另一種好，但你的朋友，不管是知識淵博的，還是學識疏淺的，卻可能對你選擇哪一種啤酒具有更大的影響。」

四、反映對方的感受

你準備拜訪隔壁新搬來的一對夫婦，請他們為社區的某項工程募捐，會用哪種方法最好呢？平庸的勸說者是開門見山提出要求，結果發生爭執，陷入僵局；而優秀的勸說者則首先建立信任和同情的氣氛。如果主人為某事煩惱，你就說：「我理解你的心情，要是我，我也會這樣。」這樣，就顯示了對別人感情的尊重。以後談話時，對方也會加以重視。

當然，優秀勸說者也不總是一帆風順的。他也會遭到別人的反對。這時，老練的勸說者往往會重新陳述對方的意見，承認它具有優點，然後才指出自己的意見更好，更全面。研究證明，在下結論前，呈示雙方的觀點要比只講自己的觀點更有說服力。

五、提出有力的證據

你準備參加某次決策會議，為一項不為大家重視的事業爭取更大的一筆錢款，什麼樣的證據最有說服力呢？如果向聽眾提供可靠的資料而不是個人的看法，你就會增加說服力。但要記住，聽眾受到證據的影響，也相同程度地受到證據來源的影響。

在一項實驗中，讓兩組被試聽到關於沒有處方是否可以賣抗阻胺片的爭論，然後告訴一組被試說可以賣的證據來自《新英格蘭生理和醫學月刊》（這是虛構的）；另一組則被告知證據來自一家流行畫報。結果發現，第一組比第二組有更多的人贊成：沒有處方也可以賣抗阻胺片。

這說明，引用權威證據，更能消除聽眾的先入之見。

六、運用具體情節和事例

你刊登廣告，推銷某種藥品，是把藥品的成分、功能、用法詳細介紹一番好呢？還是介紹某個患者使用後如何迅速痊癒的事例好呢？

優秀的勸說者都清楚地知道這樣一點：個別具體化的事例和經驗比概括的論證和一般原則更有說服力。因此，你要多賣掉藥品，你就應酌情使用後面一種方法。

在日常生活中，你要說服別人，你就應旁徵博引，使用具體的例子，而是不一味空洞地說教。

03 有效說服別人的實用方法

在生活中需要說服的對象有很多，他可能是你的父母、你的上司、你的顧客、你的朋友、你應聘的主考官……有時候，某些人想在你身上實施犯罪行為的時候，你更應該臨危不懼，巧妙地使用說服技巧，使他放下「屠刀」，避免造成嚴重的惡果。

生活中，隨時可能遇到要說服別人的情況，如果不掌握一定的技巧，說服就難以達到理想效果。在你試圖說服別人的時候，如下一些建議可能會對你有所幫助。

一、調節氣氛，以退為進

有一位中學老師接管了一個差班班主任工作，正好趕上學校安排各班級學生參加平整操場的勞動。這個班的學生躲在陰涼處，誰也不肯做事，老師怎麼說都起不了作用。

後來這個老師想到一個以退為進的辦法，他問學生們：「我知道你們並不是怕做事，而是都很怕熱對吧？」學生們誰也不願承認自己懶惰，便七嘴八舌說，確實是因為天氣太熱了。

老師說：「既然是這樣，我們就等太陽下山再開始做，現在我們先痛痛快快地玩一玩。」學生一聽就高興了。老師為了使氣氛更熱烈一些，還買了雪糕讓大家解暑。在說說笑笑的玩樂中，學生接受了老師的說服，不等太陽落山就開始愉快地勞動了。

在說服人家時，首先你應該想方設法調節談話的氣氛。如果你和顏悅色地用提問的方式代替命令，並給人以維護自尊和榮譽的機會，氣氛就是友好而和諧的，說服也就容易成功；反之，在說服時不尊重他人，拿出一副盛氣凌人的架勢，那麼說服多半是會失敗的。畢竟人都是有自尊心的，就連三歲孩童也有他的自尊心，誰都不希望自己被他人不費力地說服而受其支配。

二、爭取同情，以弱克強

有一個十五歲的山區女孩，不幸被拐到一個大城市。當天晚上，天下著小雨，女孩的房門打開了，一個中年男人走了進來。女孩的心跳到了喉嚨。不過，她還是很快地鎮靜下來，機智地叫了聲：「伯伯！」中年男人一愣，人像是被魔法定住了似的。

女孩小心翼翼地說：「我一看伯伯就是好人，看你的年齡，與我爸差不多。可是我爸就比你苦多了，他在鄉下種田，去年栽種時，他還熱得中暑了……」說著說著，眼淚就嘩啦啦地流下來。中年男人的臉漲得通紅，短暫的沉默後，低低地說了一句：「謝謝妳，小女孩。」然後開門走了。

面對強壯的歹徒，何不讓自己顯得更弱小，來激發他的同情心呢？聰明的女孩正是這樣做的。

一句「伯伯」，一下子拉開了兩人年齡距離，讓「歹徒」不由得想起自己那同樣處於花季的兒女。同情的種子開始在他心頭萌發了。接著女孩又不失時機地給他戴上一頂「好人」的帽子，誘導他的心理向「好人」標準看齊。用自己的爸爸和他對比，進一步強化了他的同情心理。

渴望同情是人的天性，如果你想說服比較強大的對手時，不妨採用這種爭取同情的技巧，進而以弱克強，達到目的。

三、善意威脅，以剛制剛

在一次團體活動中，當大家風塵僕僕地趕到事先預定的旅館時，卻被告知當晚因工作失誤，原來訂好的套房（有單獨浴室）中竟沒有熱水。為了此事，領隊約見了旅館經理。

領隊：真是不好意思，這麼晚還把您從家裡請來。但大家滿身是汗，不洗洗澡怎麼行呢？何況我們預定時說好供應熱水的呀！這事只有請您來解決了。

經理：這事我也沒有辦法。鍋爐工回家去了，他忘了放水，我已叫他們開了公共澡堂，你們可以去洗。

領隊：是的，我們大家可以到公共澡堂去洗澡，不過話要講清，套房一人三千元一晚是有單獨浴室的。現在到公共澡堂洗澡，那就等於降低到通鋪水準，我們只能照通鋪標準，一人降到一千元付費了。

經理：那不行，那不行的！

領隊：那只有供應套房浴室熱水。

經理：我沒有辦法。

領隊：您有辦法！

經理：你說有什麼辦法？

領隊：您有兩個辦法：一是把失職的鍋爐工召回來；二是您可以給每個房間拎兩桶熱水。當然我會配合您勸大家耐心等待。

這次交涉的結果是，經理派人找回了鍋爐工，四十分鐘後，每間套房的浴室都有了熱水。

很多人都知道用威脅的方法可以增強說服力，而且還不時地加以運用。這是用善意的威脅使對方產生恐懼感，進而達到說服目的的技巧。

必須指出的是，威脅能夠增強說服力，但是，在具體運用時要注意以下幾點：一是態度要友善；二是要講清後果，說明道理；三是威脅程度不能過分，否則反而會弄巧成拙。

四、消除防範，以情感化

有位女司機把一男送到指定地點時，對方居然掏出尖刀逼她把錢都交出來。她裝作十分害怕的樣子，先交給歹徒兩千元說：「今天就賺這麼點了，如果嫌少，就把零錢也給你吧。」說完又拿出二十元找零用的錢。

見女司機如此爽快，歹徒有些發愣。女司機趁機說：「你家住在哪？我送你回家吧。這麼晚了，家人該等著急了。」

見女司機並不反抗，歹徒便把刀收了起來，讓她把他送到火車站去。

女司機見氣氛緩和，不失時機地啟發歹徒：「我家裡原來也非常困苦，我又沒什麼一技之長，後來就跟人家學開車做起這一行來。雖然賺的錢不算多，可是日子過得也不錯。何況自食其力，雖然窮了點但誰還會笑我呢！」見歹徒沉默不語，女司機繼續說：「唉，男子漢四肢健全，做什麼都差不了，可是走上這條路一輩子就毀了。」

火車站到了，見歹徒要下車，女司機又說：「我的錢就算幫助你的，用它做點正事，以後別再做這種見不得人的事了。」

一直不說話的歹徒聽罷突然哭了，把兩千元往女司機手裡一塞說：「大姐，我以後就算餓死也不會再做這種事了。」說完，低著頭走了。

女司機之所以成功地說服了歹徒，就是因為她巧妙地運用了消除防範心理的技巧。

一般來說，在你和要說服的對象較量時，彼此都會產生一種防範心理，尤其是在危急關頭。這時候，要想使說服成功，你就要注意消除對方的防範心理。如何消除防範心理呢？從潛意識來說，防範心理的產生是一種自衛，也就是當人們把對方當作假想敵時產生的一種自衛心理，那麼，消除防範心理的最有效方法，就是反覆給予暗示，表示自己是朋友而不是敵人。這種暗示可以採用種種方法來進行：噓寒問暖，給予關心，表示願給幫助等等。這樣，就拉近了彼此的距離，容易得到對方的認可和配合。

五、投其所好，以心換心

某精密機械工廠生產某項新產品，將其部分部件委託小工廠製造。不料，當該小廠將零件的半成品呈示總廠時，全不合乎該廠的要求。

由於迫在眉睫，總廠負責人只得令其盡快重新製造。但小廠負責人認為，他是完全按總廠的規格製造的，不想再重新製造，雙方僵持了許久。

總廠廠長見了這種局面，在問明原委後，便對小廠負責人說：「我想這件事完全是由於公司方面設計不周所致，而且還令你吃了虧，實在抱歉。今天幸好是由於你們幫忙，才讓我們發現竟然有這樣的缺點。但是事到如今，事情總是要完成的，你們不妨將它製造得更完美一點，這樣對你我雙方都是有好處的。」那位小廠負責人聽完，欣然應允。

站在他人的立場上分析問題，能給他人一種為他著想的感覺，這種投其所好的技巧常常具有極強的說服力。要做到這一點，「知己知彼」十分重要，惟先知彼，而後方能從對方立場上考慮問題。

04 巧妙運用讚美去說服別人

在人際交往的過程中，有些人為了說服他人大費周折，他們引經據典、旁徵博引，希望得到對方的認同，而結果卻總是不如所願。當他們提出自己的觀點時，往往被對方當場反駁。有的雖然表面接受了，但卻從心底裡並不贊同。

其實，改變他人見解的最好方法就是讚美。在讚美中，對方感受到更多的得意，更少的敵意和失意，因而改變起來順理成章。

美國第二十五任總統威廉．麥金萊是一個懂得讚美藝術的人，他在一八五六年競選總統時，就巧妙運用讚美的方法表達了自己的意見。

當時，共和黨內的一位重要黨員，絞盡腦汁，撰寫了一篇演講稿。這個黨員覺得自己寫得很不錯也很成功，便志得意滿地在麥金萊面前先朗誦一遍。雖然這位黨員自認為這篇演講稿是不朽之作，然而，這篇演講稿卻有很大的缺點。

麥金萊聽後，感到這篇演講稿並不妥當，如果發表出去，可能會引起外界不好的評論。面對這麼一個難題，麥金萊感到為難。直接指出對方的缺點吧，會打消他的一番熱忱；肯定這篇演講稿吧，麥金萊覺得又是違心之論。在這個關鍵時刻，麥金萊想到了用讚美的方法來改變對方的見解。

麥金萊看著滿臉洋溢著自得之情的共和黨人，說：「我的朋友，這真是一篇罕見的、精彩絕倫的演講稿，我相信再也不會有人比你寫得更好了。就大多數場合來說，這確實是一篇非常適用的演講稿。可是，在某種特殊的場合下，這篇演講稿還需要改動一下才會更好。」

「以你的觀點來看，你這篇演講稿當然不僅適用於任何場合，而且還顯示出非凡的效果來。可是從全黨的立場來看，這份演講稿發表後會產生很大的影響。現在你回家去，按照我所特別提出的那幾點，再撰寫一篇，並送一份給我。」

這位共和黨黨人照做了，麥金萊用藍筆把他的第二次草稿再加以修改後才發表。因為演講稿的內容更完善，這位共和黨黨員在競選活動中獲得了成功，成為麥金萊最得力的助選員。

麥金萊先肯定了共和黨人所寫的演講稿的精彩之處，讓共和黨人覺得自己是很有能力和實力的。然後，再要求他根據當時的形勢加以修改，並對如何修改提出了自己的意見。這樣，共和黨人就樂意地把自己的「傑作」修改得更完美了。

如果麥金萊在聽到共和黨人的演講後表現出很不滿意，直接批評他的文章中的不足之處，那麼共和黨人可能覺得熱情得到重創，就很難坦然面對麥金萊的修改要求了。

高明的說服技巧是把讚美融入說話過程中，讓對方輕易地改變主意，聽從勸告。在讚美聲中，對方根本不會去細辨事情的真相和話語的真假，他們願意相信這些讚美，也願意按照讚美去改變自己的行為。

利士納是美國派駐法國的總軍官，他的手下有兩百萬美國士兵，這些士兵在駐留期間並不嚴格遵守紀律，有的甚至做出很多違反軍規的事情來。

為了改變這種狀況，利士納採用了讚美的方法。當時，美國最受歡迎的將軍名叫哈巴德。於是，利士納在一次全軍動員會議上對士兵們說：「哈巴德將軍認為，法國的兩百萬美國士兵，是他所接觸過最合乎理想、最整潔的隊伍。」這句讚美之詞給士兵的震撼是如此之大，他們紛紛以得到哈巴德的讚美為榮，並以「最合乎理想、最整潔」的標準來要求自己，整個軍隊風氣都有了很大的改善。

利士納是聰明的，他沒有直接提出要求，而是以哈巴德將軍的讚美來激發士兵的榮譽感，達到了整頓軍紀的目的。

用讚美來改變他人的見解，往往比直接勸告、說服來得更簡單、更容易。在讚美的過程中，沒有火藥味，沒有創傷力，對方感受到的是和風細雨，更容易改變方向、聽從意見了。

05 喚起對方內心的壓力

有些事情，道理上未必能講得通，但情感上卻可以使人接受。因此，說服既要提供有說服力的信息，同時也應激起對方的激情，以喚起對方內心的壓力或某種威脅感，促其改變態度。

二戰時，為配合盟軍進攻，丘吉爾決定成立聯合作戰部，並選派蒙巴頓擔任顧問。但這位衝勁十足的海軍英雄堅決不買帳，說：「我寧可回到海上去。」

丘吉爾厲聲回應他：「你難道沒有一點光榮感嗎？我現在給你一個機會，讓你能在更高的地位參與指揮作戰，你卻要返回海上去！你想要達到什麼目的？難道你還想沉下一艘更大、更貴重的軍艦嗎？」

這裡，丘吉爾緊緊抓住蒙巴頓的心理，利用他的愛艦「凱利號」和「克什米爾號」不久前在克里特海戰中被德軍擊沉的事件，喚起蒙巴頓內心的壓力，促使其改變態度，擔任顧問。

喚起對方內心的壓力，可能產生兩種心理狀態：一是控制反應狀態；一是抗衡反應狀態。

控制反應是控制由焦慮產生的威脅感。比如，逃避引起焦慮的信息和場所，想一些與之對立的言論，找一些理由來淡化焦慮情緒。

《莎菲女士的日記》中的莎菲強烈地愛上凌吉士之後，便用粗暴簡單的拒絕來迴避承認突然展示在她面前的凌吉士的醜惡行徑，以安慰內心的巨大痛苦和不平靜。這就是典型的控制反應狀態。

抗衡反應是承認焦慮感而採取相應的措施來克服它。其克服的方法，常用的有兩種：一是檢索收集更多的信息來抵消威脅性信息；二是改變態度以逃避焦慮狀態。當沒有足夠可以抵消威脅性信息的理由時，抗衡反應便成了改變態度的契機。所以，透過喚起對方內心的壓力來改變他人的態度，首先應引起抗衡反應，而不是控制反應。

說服中，是喚起較高的心理壓力更能造成抗衡心理狀態，還是喚起稍低的心理壓力更能造成抗衡心理狀態，這要視你的目的而言，並無定法。如果你想勸說對方馬上改變態度，那麼在注意加強理性說服的同時，訴之於較大的心理壓力，會更有效；假如你並不需要對方馬上就改變態度，那麼你可在充分說理的基礎上，注意訴之於較低強度的心理壓力即可，那樣，對方會感到更容易接受。

06 欲擒故縱，故意正話反說

齊國有一個人得罪了齊景公，齊景公大怒，命人將這個膽大包天的人綁在了殿下，要召集左右武士來肢解這個人。為了防止別人干預他這次殺人舉動，他甚至下令：「有敢於勸諫者，也定斬不誤。」文武百官見國王發了這麼大的火，誰還敢上前自討殺頭之冤？

晏子見武士們要對那人殺頭肢解，急忙上前說：「讓我先試第一刀。」眾人都覺得十分奇怪：晏相國平時是從不親手殺的，今天怎麼了？

只見晏子左手抓著那個人的頭，右手磨著刀，突然仰面向坐在一旁的齊景公問道：「古代賢明的君主要肢解人，您知道是從哪裡開始下刀嗎？」

齊景公趕忙離開坐席，一邊搖手一邊說：「別動手，別動手！把這人放了吧，過錯在寡人。」那個人早已嚇得半死，等他從驚悸中恢復過來，不敢相信頭還在自己肩上，連忙向晏子磕了三個大響頭，死裡逃生般地走了。

晏子在齊景公身邊，經常透過這種正話反說的方法，迫使齊景公改變一些荒謬的決定。比如，有一個馬伕有一次殺掉了齊景公曾經騎過的老馬，原來是那匹馬生了病，久治不愈，馬伕害怕牠也把疾病傳染給馬群，就把這匹馬給宰殺了。

齊景公知道後，心疼死了，就斥責那個馬伕，一氣之下竟親自操戈要殺死這個馬伕。馬伕沒想到國君為了一匹老病馬竟會殺了自己，嚇得早已面如土色。晏子在一旁看見了，就急忙抓住齊景公手中的戈，對景公說：「你這樣急著殺死他，使他連自己的罪過都不知道就死了。我請求為你歷數他的罪過，然後再殺也不遲。」

齊景公說：「好吧，我就讓你處置這個混蛋。」

晏子舉著戈走近馬伕，對他說：「你為我們的國君養馬，卻把馬給殺掉了，此罪當死。你使我們的國君因為馬被殺而不得不殺掉養馬的人，此罪又當死。你使我們的國君因為馬被殺而殺掉了養馬人的事，傳遍四鄰諸侯，使得人人皆知我們的國君愛馬不愛人，得一不仁不義之名，此罪又當死。鑒於此，非殺了你不可。」

晏子還要再說什麼，齊景公連忙說：「夫子放了他吧，免得讓我落個不仁的惡名，讓天下人笑話。」就這樣，那個馬伕也被晏子巧妙地救了下來。

晏子不愧是善於說話的高手，他非常擅長語言藝術中的迂迴術，故意正話反說，以委婉的方式，欲擒故縱，達到了比直言陳說更為有效的說服效果。

07 採用反向誘導的說服方式

不知你是否有這樣的經歷，當別人勸誡你「不要去幹壞事」，你卻偏偏想要嘗試一番；當父母或老師教育你「要好好學習」時，你卻根本就不想學習。這往往就是你的逆反心理在作怪。

針對人的逆反心理，高明的說服者會靈活地採用一種反向誘導的說服方式。誘導者不暴露自己的目的和動機，而是提出與目的動機剛好相反的觀點傳送給對方，似乎自己頗為贊同似的，叫對方自己去反駁，並讓他「節節勝利」，而自己則「節節敗退」，乃至最後觀點完全失去了存在的道理。然而這沒有道理的觀點，恰是本來要改變的。既然這一觀點毫無道理，對方的觀點與此如出一轍，怎麼能站住腳呢？於是，對方被他自己說服了，儘管並不十分願意，也不得不接受說服，改變原有的態度。

二十世紀四〇年代，女帽流行。電影院裡經常有戴各種式樣帽子觀看電影的女觀眾，她們的帽子總是妨礙後面的觀眾觀看影片。觀眾對此十分反感，請經理通告禁止。

經理說：「禁止欠妥，只有提倡才是辦法。」於是，在影片上映前，銀幕上果然出現了一則通告：「本影院為照顧高齡年老的女客，允許她們照常戴帽，不必摘下。」後來，所有戴帽的女士全部摘下了帽子。

在這裡，影院經理正是採用反向誘導法，提出與目的完全相反的觀點——那些高齡婦女可以戴帽看電影。但任何一個女人都不願意承認自己高齡年老，因此這一觀點完全失去了存在的道理。女觀眾不願意承認年老，就不得不接受誘導，改變原來的態度，摘下帽子來。

反向誘導的方法，設問要巧妙，邏輯要嚴謹。既不露馬腳，又要切中對方的要害。同時，設問還要存在明顯的漏洞，叫對方有反駁的餘地，否則就不能達到目的。

莫泊桑《俊友》中的杜洛華，頗具社交手腕，他勾引女人也很有一套經驗。在引誘年輕、天真、幼稚的蘇珊愛上自己這個有婦之夫的過程中，他便運用了反向誘導法。

他首先對蘇珊說：「唉，現在妳就要結婚了，就要嫁給一個漂亮而沒落的王孫公子，我們以後就難得見面了。」其實蘇珊連戀人也沒有，根本談不上結婚。此話無非是想刺激蘇珊引起反駁，為自己創造機會。蘇珊也從未提過要找「王孫公子」，他這樣說是想讓她說自己不找王孫公子，因為杜洛華自己就不是王孫公子。

這一招果然奏效。然後他進一步誘激：「我敢擔保，不出六個月，妳就會自動上鉤，成為侯爵夫人，公爵夫人，或者親王夫人。那時候，妳就會高高在上，瞧不起我了，小姐！」

進一步刺激，引起蘇珊的逆向反應：偏不找王孫公子。後一句則是刺激蘇珊向他表示永遠的友好、喜愛，以達到最終的佔有。

果然，蘇珊又「中計」了，又是生氣，又是發誓。

杜洛華仍不死心，冷笑道：「我們走著瞧吧。」

蘇珊又怎堪忍受別人的輕視呢？自然逆杜的話而行，結果蘇珊被杜洛華套住了。杜洛華使用一系列「反語」，把蘇珊的擇偶標準都集中到自己身上。這時，他才一語道破天機，問道：「妳愛我嗎？」

蘇珊儘管感到唐突，但回想自己所談的觀點、要求及誓言，只好喃喃地說：「我答應你。」

杜洛華利用反向誘導，像剝竹筍一樣，層層去掉了對方可以反駁的理由，最後使對方不得不改變態度。

當然，杜洛華使用反向誘導的目的是不道德的，是不值得提倡的。但作為一種說服方式，反向誘導可以在誘導對方說出原來不願意承認的那部分事實，對方就能自然地說服自己，進而按照我方既定的想法去做。

08 言辭犀利達到說服目的

清朝清道光年間，林則徐給皇帝上書說：「若再不禁煙，幾十年後，中國將無可禦敵之兵，也無可以充餉之銀。」於是，道光採用了他的建議，就有了虎門銷煙。

生活中，有些像林則徐一樣的高明的說服者，在某些特殊情況下，要說服別人的時候，往往會以可能性為根據，運用邏輯推理的方法，把對方的某一觀點，某一行動可能產生的後果加以適當的誇張，故意把問題說得十分可怕，使人怦然心動，震驚愕然，藉以引起對方的注意和思考，修改自己的言行，這樣便能順利地達到自己的目的。這種做法被稱為「危言說服術」。

運用危言說服術，起始用近乎誇張的語言，要求一語驚人，令人欲罷不能，繼而尋根究底地追問下去；進而，使自己的言辭犀利而達到說服之目的。

戰國時，醜女無鹽求見齊王。齊王見她醜陋異常，故意問：「我宮的嬪妃已齊備了。妳想到我宮中，請問妳有什麼特殊的本事嗎？」

無鹽直率地回答：「沒有，只是會點隱語之術。」隨後，她舉目咧齒，手揮四下，拍著膝蓋，高聲喊道：「危險了！危險了！」反覆說了四遍。

齊王及左右大臣皆被嚇得毛骨悚然。

齊宣王趕緊追問隱語之術，無鹽解釋說：「舉目是替大王觀察烽火的變化，咧齒是替大王懲罰不聽勸諫的人，揮手是為大王趕走阿諛進讒之徒，拍膝是要拆除專供大王遊樂的漸台。」

「那麼，妳的四句『危險』呢？」

「大王統治齊國，西有強秦之患，南有強楚之仇，大王又愛奉承之徒，這是第一個危險；您大興土木，高築漸台，聚集大量金玉珠寶，弄得百姓窮困，怨聲載道，這是第二個危險；賢明者躲藏在山林，奸邪的人立於朝廷，想規勸您的人見不到您，這是第三個危險；您每日宴飲遊樂，外不修諸侯之禮，內不關心國家治理，這是第四個危險……」

齊王聽完，不由得不寒而慄，長歎一聲：「無鹽的批評太深刻了，我確實處於危險的境地。」

於是，齊王納無鹽為王后，齊國從此大治。

無鹽勸說齊宣王，先用四句「危險」引起齊宣王的注意和警惕，也就是先下誇張之語，一語驚人；然後，再逐條分析，闡述「危險」的事實根據。

危言說服術，其關鍵在於一個「危」字。要在「危」字上大做文章，然後才有聳聽的可能。危言說服術的目的是借說「危言」以引起對方的警覺和注意，但是，所說的危言並不是信口胡說，必須有一定的事實依據。

宋趙益王趙元傑在王府中造假山，花費銀子幾百萬兩，造成之後，便邀集賓客同僚盡興飲酒，一起觀賞假山。

大家都酒酣耳熱，興致勃勃，唯獨姚坦低頭沉思，他對假山連看也不看。這引起了益王的注意，益王強迫他看。

姚坦抬起頭來，說：「我只看見血山，哪來的假山！」

益王大吃一驚，連忙問其原因，姚坦說：「我在鄉村時，親見州縣衙門催逼賦稅，抓捕人家父子兄弟，送到縣裡鞭打。此假山皆是用民眾的賦稅造起來的，不是血山又是什麼？」

這時，宋太宗也在興造假山，聽了姚坦的話，便把假山拆掉了。

姚坦把假山說成「血山」，似聳人聽聞，但他是以耳聞目見的事實為根據，因而才有如此強烈的效果。如果他只是信口胡說，那或許就要大禍臨頭了。

09 挑起對方的高貴動機

著名的口才大師戴爾．卡耐基曾問他的學員，你想不想擁有一個神奇的短句，可以阻止爭執，除去不良的感覺，創造良好意志，並能使他注意傾聽？

如果你想，請這樣開始：「我一點也不怪你有這種感覺。如果我是你，毫無疑問的，我的想法也會跟你的一樣。」

像這樣的一段話，會使脾氣最壞的老頑固軟化下來，而且你說這話時，可以有百分之百的誠意，因為如果你真的是那個人，當然你的感覺就會完全和他一樣。

以亞爾．卡朋為例，假設你擁有亞爾．卡朋的軀體、性情和思想，假設你擁有他的那些環境和經驗，你就會跟他完全一樣，也會得到他那種下場。因為，就是這些事情、也只有這些事情，使他變成他那種面目。

我們每一個人都是理想主義者，都喜歡為自己做的事找個動聽的理由。因此，如果要改變別人，就要挑起他的高貴動機。事實上，你所遇見的每一個人、甚至你在鏡子中看見的那個人，總是把自己看得很高，在作自我評價時，總認為自己是個大好人，而且公正無私。

皮爾旁特．摩根在他那本分析性的著作中說，一個人去做一件事，通常是為了兩種原因：一種是真正的原因，另一種則是聽來很動聽的原因。每個人本身都曾想到那個真正的原因，你用不著強調它。但是，我們每一個人，在心底裡都是理想主義者，總喜歡想到那個好聽的動機。因此，為了改變人們，就要挑起他們的高貴動機。

沒有一件事是可以適用於任何情況的，也沒有一件事對所有的人都有效。如果你對目前的結果已經感到滿意，那為什麼要改變？如果你不滿意，那何不試試看？

卡耐基以前的一位學生詹姆斯．托馬斯講述過這樣一個故事：

某家汽車公司的六位顧客，拒絕付服務費。這麼做的原因並非每位顧客對整個服務費表示拒付，而是每人都宣稱有某一項帳目發生錯誤。每一位顧客，在每項服務工作完成時都曾簽字。因此，公司知道那些服務工作確實做過了，他們就如此對顧客說明。這是第一個錯誤。

以下就是該公司貸款部人員催討這些過期帳款的步驟。

你看看他們會成功嗎？

首先，他們分別拜訪每一個顧客，直截了當地告訴他，他們是來收取一項早已過期的帳款。

其次，他們明白表示，公司是絕對而且無條件地正確；因此，他——顧客——是絕對無條件地錯。

此外，他們暗示，公司對汽車的認識比他要深得多。因此，到底還有什麼可爭論的？

結果，他們吵了起來！

這些方法能否令顧客感到滿意，而使帳款獲得解決？這個問題，我們都可以自己去回答。事情發展到這種地步，貸款部經理打算打官司。幸好，這件事引起了總經理的注意。他調查了這些欠帳的顧客，發現他們以前都是很快就把帳付清，享有很好的名聲。這裡面一定有什麼不對，收款方有很大的錯誤。於是，他把詹姆斯．托馬斯叫到面前，讓他去收取這些「無法收回的帳」。

以下就是托馬斯先生所採取的方法。

「我去拜訪每一位顧客，」托馬斯先生說，「同樣也是為了要收取一項早已到期的帳款，同時我們知道這筆款項絕對沒錯。但我完全不提這些。我解釋說，我奉命來查看公司做了些什麼，或什麼事忘了做。」

「我明確地表示，在我聽完顧客的說明之前，我沒有什麼意見。我告訴他，公司並不認為本身絕對沒有錯。」

「我告訴他，我只對他的車子有興趣，他對自己車子的認識，比世界上其他任何人都要深；他是這方面的權威。」

「我讓他盡量談話，我聽他說話，表現出很有興趣而同情的樣子，這正是他所需要的，也是他所盼望的。」

「到了最後，當這位顧客處於一種合適的心理狀態時，我使他認為這件事是公平交易。我訴諸他的高貴動機。我說：首先，我希望你明白，我也覺得這件事處理不當。我們公司的一名代表曾為你帶來了不便，使你覺得不快和惱怒。對這件事，我很抱歉。身為公司的一名代表，我特別在此鄭重向你道歉。我在這裡坐了這麼久，也聽了你這方面的說明，使我不禁對你的公正和耐心留下深刻印象。現在，由於你既公正又有耐心，我想請求你為我做件事，這件事你可以做得比其他任何人更好，也比其他人懂得更多，這裡有一張你的帳單，我請求你對這張帳單作一番估價，我想如果你是我們公司的董事長，你也會這麼做。我讓你全權決定，你說多少，就算你多少。」

他是否評價了那些帳單？他當然那麼做了，而且慷慨得很。那些帳單分別從一百五十美元到四百美元不等。那些顧客是否都付出了最高額？除了其中有一人對某項有問題的項目堅決不付一分錢外，其他五個人全都付出最高額！而且令人高興的是，在以後兩個月之內，這六位顧客都向我們訂購了新車。

「經驗告訴我，」托馬斯先生說，「在尚未得到顧客的確實資料之前，最妥當的方法，就是假設他是誠心、誠實、正直的，一旦使他相信他是對的，他就會心甘情願而且急於把欠款付清。以另一種可能更清楚的說法來說，人們都很誠實，並且希望推卸他們的責任。這項規則的例外很少，而且我深信，即便是那些性喜詐騙的人，在大部分案例裡，反而會有更有利的反應，只要你能使他覺得，你認為他誠實、正直和公正。」

因此，如果你希望人們接受你的建議並按你的想法去做，請遵守這一條規則：「訴諸高貴的動機。」

10 設法把你的願望變成對方的

尤金．威森為一家專門替服裝設計師和紡織品製造商設計花樣的畫室推銷草圖，一連三年，威森先生每個星期都去拜訪紐約一位著名的服裝設計家。

「他從不拒絕接見我，」威森先生說，「但他也從來不買我的東西。他總是很仔細地看看我的草圖，然後說：『不行，威森，我想我們今天談不攏了。』」經過一百五十次的失敗，威森終於明白自己過於墨守成規；於是他下定決心，每個星期撥出一個晚上去研究做人處世的哲學，以發展新觀念，創造新的熱忱。

不久，他就急於嘗試一項新方法。他隨手抓起六張畫家們未完成的草圖，走進買主的辦公室。

「如果你願意的話，希望你幫我一個小忙，」他說，「這是一些尚未完成的草圖。能否請你告訴我，我們應該如何把它們完成才能對你有所幫助？」

這位買主默默看了那些草圖一會兒，然後說：「把這些圖留在我這裡幾天，然後再回來見我。」

三天以後威森又去了，獲得他的某些建議，取了草圖回到畫室，按照買主的意思把它們修飾完成。結果呢？全部被接受了。

從那時候起，這位買主已訂購了許多其他的圖案，這全是根據他的想法畫成的——而威森卻淨賺了一千六百多元的佣金。

「我現在明白，這麼多年來，為什麼我一直無法和這位買主做成買賣，」威森說，「我以前只是催促他買下我認為他應該買的東西。我現在的作法正好完全相反。我鼓勵他把他的想法交給我。他現在覺得這些圖案是他創造的，確實也是如此。我現在用不著去向他推銷，他自動就會買。」

當提奧多·羅斯福當紐約州州長的時候，他完成了一項很不尋常的功績。他一方面和政治領袖們保持良好的關係，另一方面又強迫進行一些他們十分不高興的改革。下面是他的做法。

當某一個重要職位空缺時，他就邀請所有的政治領袖推薦接任人選。「起初，」羅斯福說，「他們也許會提議一個很差勁的黨棍，就是那種需要『照顧』的人。我就告訴他們，任命這樣一個人不是好政策，大眾也不會贊成。」

「然後他們又把另一個黨棍的名字提供給我，這一次是個老公務員，他只求一切平安，少有建樹。我告訴他們，這個人無法達到大眾的期望，接著我又請求他們，看看他們是否能找到一個顯然很適合這職位的人選。」

「他們第三次建議的人選，差不多可以但還不太行。」

「接著，我謝謝他們，請求他們再試一次，而他們第四次所推舉的人就可以接受了；於是他們就提名一個我自己也會挑選的最佳人選。我對他們的協助表示感激，接著就任命那個人——我還把這項任命的功勞歸之於他們……我告訴他們，我這樣做是為了能使他們感到高興，現在該輪到他們來使我高興了。」

「而他們真的使我高興。他們以支持像『文職法案』和『特別稅法案』，這類全面性的改革方案，來使我高興。」

羅斯福盡可能地向其他人請教，並尊重他們的忠告。當羅斯福任命一個重要人選時，他讓那些政治領袖們覺得，他們選出了適當的人選，完全是他們自己的主意。

把你的希望和願望變成對方的，對方就會願意配合你的期望採取行動。

11 有原則的堅持要求

一般情況下，一個要求提過去，對方要麼答應，要麼拒絕。對方答應，我方表示感謝，整個交往過程就宣告結束；如果對方拒絕，我方就面臨雙重選擇：要麼放棄要求，要麼堅持要求。

如果放棄要求，那就無須或無法再就某件事繼續打交道。如果要堅持要求，應該如何採取一種恰當、策略的方式，才能獲得好效果。為了順利地達成自己的目標，在堅持要求時，有以下原則應該堅持。

一、要有高度的自信心

這是堅持要求的心理基礎與前提。自信，就是既相信自己的要求合理合情合法、又相信對方一定會考慮自己要求的。

德國古典哲學家費希特年輕時曾到哥尼斯堡想就哲學問題求教於康德。可是他的要求遭到了拒絕。當時，費希特大學剛畢業，而康德已是全歐洲聞名的哲學教授。康德不願接見這個「小青年」。費希特沒有失望。為了得到名師指點，他發奮工作一個多月，寫了一篇論文，寄給康德，並附上一封短信，堅持求見的要求。信中寫道：

我到哥尼斯堡來，為的是更切近地認識一位為整個歐洲所尊敬的人。然而，全歐洲只有少數人像我這樣敬愛他。我已經向您作了自我介紹，後來我明白了，希望認識您這樣一位人物而不出示任何證書，這是非常無禮的。我應該有一封介紹信。但是，我只承認我自己為自己寫的介紹信，我此刻就把它附上。

康德讀後，甚為感動，熱情地接待了他。

這個事例的一個動人之處就是，費希特的自信。提出要求遭到拒絕後仍不氣餒，再次重申要求，這是自信的舉動；「我只承認我自己為自己寫的介紹信」，更是出口不凡，語意精新。因而，他用自信為自己爭得了機會。

二、不要衝著對方的拒絕說話

人們在堅持要求時，常見的錯誤有如下幾種：

一是質問對方拒絕的原因。一個勁地問：「為什麼你不同意呢？」「我的要求不是很合理嗎？為什麼不答應呢？」「你完全可以答應我，為什麼不呢？」這種說法給人的印象似乎是對方的拒絕沒有道理。

二是抱怨自己提錯了要求。如說：「唉，我知道你不會答應我的。」「哼，我這個人你看不上眼呀！」「唉，算我瞎了眼，求了你這麼個人。」這種說法看起來是自責，實際上是抱怨對方。

三是攻擊、批評對方的拒絕行為。如：「你這個人怎能這樣？」「我與你這麼要好，這麼點小小的要求都不能答應？」這種說法更是直接攻擊對方的拒絕，並由此批評對方的人品。

四是威脅、恫嚇對方必須答應自己的要求。如：「不行，這項任務一定要完成，不然就扣發獎金！」「如果今天你不答應我的要求，我們的關係就完了。」這種說法企圖經由壓服的手段來讓對方接受要求。

上述四種做法有個共同特點，都認定對方拒絕自己的要求是無理無權的，並對對方的人展開攻擊。這種做法的後果就是直接造成雙方的對抗態勢，不但無法使對方接受要求，反而會把關係搞僵。

堅持要求的一個要領，就是避開對方拒絕的鋒芒。

比如，媽媽要求孩子上學帶傘，孩子說不會下雨，拒絕媽媽的要求。媽媽如要堅持要求，就不應說：「你這孩子怎麼這麼不聽話。」或：「你不帶我就揍你！」而應說：「帶傘當然會麻煩點，但萬一下雨呢？天氣預報已經說有會下雨了。」這種說法孩子就容易接受。

三、要有靈活多變的策略

在「我方提出要求—對方拒絕要求——我方堅持要求」的結構中，堅持要求是「要求」的延續，但不應該是「要求」的簡單重覆。

我們看到許多孩子向爸爸媽媽提出要求：「我要出去玩。」遭到拒絕後，孩子只是一個勁地叫：「我要去，我要去。」這種「重覆式」的堅持要求，在成人那裡也時常可見。這種方式不但無效，而且使人心煩。而堅持要求的恰當行為，則應是變換要求的角度、方式和口氣——這樣常能取得好效果。

比如，一個年輕人來到一家公司提出謀職要求：

「請問你們這裡需要祕書嗎？」

「不需要。」

「需要採購員嗎？」

「不需要。」

「需要警衛嗎？」

「不需要。」

「那麼，你們一定需要這個了。」說完，他拿出一塊木牌，上面寫著：

「本公司名額已滿。」

公司老闆笑了，最後這個人被錄用為銷售經理。

要求一再被拒絕，可是他一再改換內容，重提要求，最後看來人際推銷似乎已失敗，他還要來個商品推銷。既有堅定的自信，又有多變的策略。是堅持要求的一個佳例。

四、要解決對方拒絕時提出的理由

堅持要求時，聰明的人並不去反駁對方的拒絕，但他們總是接過對方的拒絕話語，加以「軟性」處理，化解對方的拒絕。

例如，舞會上，一個小伙子走到一個女孩面前，邀請她跳舞，女孩羞澀地說：「我不會跳。」這話好像是拒絕。

小伙子這怎麼辦呢？放棄要求，悻悻而退，那非常尷尬；批評女孩不禮貌，那更是失禮行為。這個小伙子說道：「沒關係，我也不會，讓我們一起學吧。」接著，兩人就一同下了舞池。

小伙子的話就非常得體，一方面他承認了對方的拒絕是一個理由．這就尊重了對方；同時又「淡化」了這個理由，「不會跳沒關係」，進而堅持了要求，達成了自己的目的。

CHAPTER 2

話要說到點子上

曾有研究的結果顯示：百分之九十三的人認為，人際關係的順暢是事業成功的最關鍵的因素，而讚美別人是處世交際最關鍵的課程。從很大意義上講，學會讚美他人是事業成功的階梯。

孔子說過：「言不順，則事不成。」讚美是最有效的交往手段之一，也是送給別人的最好禮物和報酬，是搞好人際關係的一筆暫時看不到利潤的投資。但是卻並非可以敷衍應付。要發出讓對方重視的讚美，就要做到對人性和他人有深入的瞭解，知道別人到底需要什麼。

01 人人都愛聽好話

心理學家指出，每個人都渴望得到別人和社會的肯定和認可。我們在付出了必要勞動和熱情之後，都期待著別人的讚許。因此，把讚美——我們自己需要的東西，首先慷慨地奉獻給別人，很好地展現了我們的大方和成熟。

讚許別人的實質，是對別人的尊重和評價，也是送給別人的最好禮物和報酬，是搞好人際關係的一筆具有長遠利益的投資。它表達的是我們的一片善心和好意，傳遞的是你的信任和情感，化解的是你有意無意間與人形成的隔閡和摩擦。對人表示讚許，你何樂而不為呢？

大部分的人都愛聽好話，沒有人喜歡別人來指責他，就算是相濡以沫的朋友，你批評幾句，對方往往臉上也有掛不住的時候。

哈佛大學的專家斯金諾，透過一項實驗研究結果表示，連動物的大腦，在收到鼓勵的刺激後，大腦皮質的興奮中心就開始起勁調動子系統，進而影響行為的改變。同樣的道理，人是萬物的靈長，期望和享受欣賞，更是人類最基本的需求之一。

林肯說：「一滴甜蜜糖比一斤苦汁能捕獲到更多的蒼蠅。」幾乎任何人都愛好虛榮。各人有各人優越的地方，至少也有他們自以為優越的地方。在其自知優越的地方，他們固然喜愛得到他人公正的評價。但在那些希望出人頭地而不敢自信的地方，他們尤其喜歡得到別人的恭維。

心理學家吉斯菲爾指出：「有不少人，他們喜歡聽相反的話；更有許多的人，喜歡別人把他們當作有思想、有理智的思想家。有一回，我與一個人討論一件頗有爭議的社會問題，我對他說：『因為你是這樣的冷靜、敏銳。因此我想知道，我們究竟應該站在什麼立場？』他聽了我的話，立刻顯現出滿面春風的樣子，並詳細對我說了他對此事的立場態度。原來，此人是願意人家認為他是敏銳、冷靜的。」

「幾乎所有女人都是很質樸的，但對儀容妖媚，她們是至深癖愛，孜孜以求的。這是她們最大的虛榮，並且常常希望別人讚美這一點。但是對那些有沉魚落雁之容、閉月羞花之貌的傾國傾城絕代佳人，那就要避免對她容貌的過分讚譽，因為她對於這一點已有絕對的自信。如果，你轉而去稱讚她的智慧、仁慈，而她的智力恰巧不及他人，那麼你的稱讚，一定會令她芳心大悅，春風滿面的。」

人不分男女，無論貴賤，都喜歡聽合其心意的讚譽。同時，這種讚譽能給他們加倍的能力、成就和自信的感覺。要使頌揚能夠奏效，只要我們心中掌握各人性情的不同之處，便能區別對待，有的放矢，進而達到目的，把事情辦好。

一般的常人身上，都有著難以察覺的閃光點，而這些正是個人價值的生動體現。而一個偉大的領導者，往往獨具慧眼，也大多是讚頌別人的專家。既然讚揚是人際交往的潤滑劑，我們就要在和周圍人相處的過程中，毫不吝嗇地讚揚別人，使讚許動機獲得廣大而神奇的效用。

02 在合作中給他人肯定和讚賞

其實，沒有人對自己和自己的言行有絕對的自信，只有自大狂和幼稚輕信的人，才從不懷疑自己。所有其他人都難免不時地思考：他們在某一領域內究竟有多麼出色，他們的決定和做法是否正確，他們會取得多大的成功，事情是否會如他們所預料的那樣進展順利……處境越是艱難，這些疑問就會越頻繁地在他們心中出現。而你的肯定和讚賞，就能令你的夥伴不再疑慮重重。他會把你的肯定和讚賞視為他行動正確、成績可嘉的證明。

幾乎所有的人都害怕遭人輕視和責難，因此他們想方設法使自己免於受到他人的冷漠、輕視和無禮的傷害。有了肯定和讚賞，你就為合作的對方撐起了一把保護傘。你對他成績的賞識使他自信倍增，你為他提供了面對批評和阻力的力量。你使他忘卻難堪的經歷，並幫助他建立一道抵禦責難的情感屏障。從夥伴那裡得到充分的肯定和讚賞的人，不會因為個別粗魯無禮的人就喪失自信，因為他已有了抵抗力。

你的肯定和讚賞必然對你的夥伴具有積極的影響。你會改變他對事物的看法，讓他看到已經獲得的成績和面前的機遇。他會對自己戰勝新挑戰的能力堅信不疑。肯定和讚賞是最有效的動力，是能夠迅速作用於人們的身心，並鼓舞人們追求新的成功能量。

肯定和讚賞是一種十分特別的東西。但實際生活中，人們給予他人的肯定和讚賞要比你想像的少得多。如果你的夥伴很久沒有得到肯定和讚賞，而你恰是很長時間來第一個給予他肯定和讚賞的人，他定會對你刮目相看。

肯定和讚賞不僅對接受方起著積極的作用，它同時還是給予者獲取動力的最有效方法之一。你給予別人的肯定和讚賞越多，你得到的肯定和讚賞也越多。

想想看，當你得到別人的肯定和讚賞時，你會有什麼感受和想法？幾乎所有人的反應都是一樣的，他們感到十分欣喜並向對方道謝。接下來，他們會考慮如何報答對方的好意，怎樣投桃報李地給予回應。肯定和讚賞的作用正如一件美妙的禮物，人們滿懷喜悅地收下禮物後，自然希望相應的回贈對方。

獲得肯定和讚賞的人，一般不會無動於衷、心無「雜念」地繼續埋頭日常工作，他會很長時間內都回味著這令人欣喜的一刻，也會保持一份良好的心情。你對他的肯定和讚賞，會在對方頭腦中縈繞不去。

因此，對方也會樂意稱讚你一番，即使他一時找不到合適的措辭，他也會記著這件事，一有恰當的機會便「湧泉相報」。他對你的讚賞是認真、有份量的，而不是純粹出於禮節、輕飄飄的敷衍諂媚之辭。他不希望回報給你的稱讚比起你給他的來得膚淺。他不想說空泛、不著邊際的客套話，而希望給予你同樣言之有物又實事求是的稱讚。所以，他會認真思考你在哪方面取得了突出的成績，以及他特別欣賞你的哪些方面。他對你的稱讚與他內心的真實想法是一致的。

給予他人肯定和讚賞會使你的心情自然而然地變得更好。你會發覺，肯定和讚賞他人對你而言是一件越來越得心應手的愉悅之舉，你更容易注意到他人的突出成績，你會找到讚賞他人的最恰當得體的話。你的讚許越自然、越令人信服，你的個人魅力就會越大。

讚賞別人也需要以一定的勇氣與決心為基礎。一個人越自信，他褒揚他人的能力就越強，而他從中獲得的樂趣也越多。還有不少人僅僅因為沒自信、擔心說錯話就不去稱讚別人，他們想給予別人由衷的讚美，卻從未說出口。

千萬不要為自己的心理枷鎖所困，要努力擺脫所有使你不能堅決和自然地讚賞他人的無謂的憂慮。要把給予他人肯定和讚賞，當作你日常交往和合作中不可或缺的組成要素，並時常為此進行目標明確的練習。別以為能否在某時某刻冒出靈感的火花只是一種偶然，你應該積極行動起來，系統地考慮如何在合適的時候說適當的話語。

03 讚美不是奉承和恭維

讚許，作為一種交往中的語言和行為藝術，絕不是脫口而出的奉承和恭維，也不是溜鬚拍馬之輩的討好和獻媚。它具有一定的原理，還有心照不宣的使用規則，更有耐人尋味的實踐技巧。為了使你的讚美更有效，如下原則可供參考：

一、時間上要及時

生活當中，同事、朋友或家人的優點，隨時都可能顯現。而且，它是出於一個稍縱即逝的運動過程之中，個別時候還猶如曇花一現。所以，一個會讚美別人的人，總是能抓住時機，奉獻讚美，贏得對方和在場者的好感達到征服人心的效果。

當你下班後走進家門，看見嬌妻已先回到家為你準備好晚餐，你只要深情地望她一眼，說一句「看到桌上的菜我就餓了」，她一定會心花怒放的。倘若你酒足飯飽之後，才說一句「妳今天回來的真早」，那樣的效果，已經是雨後送傘了，她怎能感受到你當時就有的那份愛呢？

二、內容要巧妙

讚揚的形成，在於一般雙方都是面對面的，所以，內容上要具體，對象上要分明，有時儘管不直接涉及你所要讚美的客體，但對方早已心照不宣地知道你所指的是什麼了。

三、動機要真誠

我們去讚美一個人的時候，是我們所要讚美的人的確有我們值得讚美的地方，是對別人的膜拜和欽佩。從動機上講，需要的是純真，從態度上看，需要的是誠懇。如果不是出於真誠，會給人虛情假意讓人家懷疑我們居心不良，讚揚不但不能得到回報，甚至還會招致冷遇和討厭。

俄羅斯詩壇的太陽普希金從皇村學校畢業後不久，便創作了他的第一篇敘事長詩——《魯斯蘭和抑德米拉》。這首詩詼諧有趣，輕靈活潑，很受讀者的歡迎。著名的俄國大詩人茹柯夫斯基讀罷此詩後也抑制不住激動和喜悅，他把自己的相片贈給昔日的學生普希金，並在照片的背面寫道：「給我的勝利了的學生，他的失敗的老師贈——在他完成《魯斯蘭和抑德來拉》的最莊嚴的日子。」

無獨有偶，浙江相鄉縣文物部門，收藏有茅盾小時候的作文本。從評語中瞭解到，他的國文老師早就看出了未來文壇的千里馬，預言這位後生有朝一日會青出於藍而勝於藍的，試摘一段評語如下：「文如水銀瀉地，無孔不入，此子前程，未可限量。」看來讚許也需要有伯樂相馬的目光，這些出自尊師之口的真誠讚美，其影響的魔力，真是未可限量的！

四、程度上要恰當

讚揚對方的關鍵，是要實事求是，恰當的讚美，是極有分寸感的。《登徒子好色賦》中，「增之一分則太長，減之一分則太短，」用到此處，來說明掌握讚揚的「度」，的確是恰如其分的。

讚揚一個人時，要做到以下幾點：

首先，內容上要適度。讚揚一個人，不要亂說一氣，任意誇大情節，評價失衡，給小人戴大帽子，那樣是難以起到讚揚的正面效應的。你言過其實，有城府，就會透過你的溢美之詞，看到內心的動機。

其次，方式要適宜。人與人是各不相同的，讚揚要因人而異。不能用同一個型號的衣服，不分大小，見到誰就給誰穿。比如年齡不同，讚揚時語氣上也應有所區別。對年輕人應多誇獎，對老年人應多尊敬；對小朋友應多引導。因人施贊，一定會「彈無虛發」的。

最後，頻率要適中。這裡的頻率，是指相對時期內，對一個對象讚揚的次數。次數太少，起不到應有作用；次數太多，也會削弱應有的效果。而讚揚的頻率是否適中，是以受讚揚者優良行為的進展程度為尺度的。

如果被讚揚者的優良行為同讚揚的頻率成正比，則說明讚揚的頻率是適度的。如果呈現反比的現象，則說明讚揚的頻率過高，已經到了「濫施」的程度，誰還會珍惜它呢？

04 能打動他人的讚美

讚美是一門藝術，它不是隨口的奉承，它是發自內心的震撼和感動，是真誠的欣賞的傳遞。讚美的話不一定要說得好聽，不需要說得天花亂墜，而關鍵在於能打動他人，說到對方的心坎裡。有時候，一句簡短而精練的話，只要能說到對方的心坎裡，也能達到一鳴驚人的效果。

在鎮壓太平軍的過程中，曾國藩花費了很多的心思。

一次，曾國藩用完晚飯後與幾位幕僚閒談，評論當時的英雄。他說：「彭玉麟、李鴻章都是大才，為我所不及。我可自許者，只是生平不好諛耳。」

一個幕僚說：「各有所長：彭公威猛，人不敢欺；李公精敏，人不能欺。」說到這裡，他說不下去了。

曾國藩便問：「你們以為我怎樣？」

眾人皆低頭沉思。忽然走出一個管抄寫的後生，他過來插話道：「曾帥是仁德，人不忍欺。」

眾人聽了齊拍手。

曾國藩十分得意地說：「不敢當，不敢當。」

後生告退而去。

曾國藩問：「此是何人？」

幕僚告訴他：「此人是揚州人。入過學，家貧，辦事還謹慎。」

曾國藩聽完後說：「此人有大才，不可埋沒。」

不久，曾國藩升任兩江總督，就派這位後生去揚州任鹽運使。

這位後生只是簡短的一句讚美，就換來了大好前程。為什麼這句讚美如此有效呢？

原因就是因為他的讚美說到了曾國藩的心坎裡。曾國藩一向以「仁德」自許，後生以這點來讚美他，正是投其所好，所以後來官運亨通。

要把讚美的話說到對方心裡去，關鍵是要瞭解對方願意聽的話。有的時候，對方願意聽的並不是誇誇其談的讚美，而是忠心耿耿的忠言。這時候，懂得說話技巧的人就要順應對方的需要，多盡忠言。

要把讚美的話說到心坎裡，就要瞭解對方的興趣愛好，察言觀色，圍繞對方的興致所在送上讚美。

在清代大臣中，張廷玉是三朝元老，對康熙、雍正和乾隆都有輔佐。張廷玉為人謹小慎微，謹守「萬言萬當，不如一默」的說話原則。但就是這麼一個以沉默為做事原則的張廷玉，在讚美皇帝方面也毫不含糊，而且能每每把話說到皇帝心坎裡，讓他暢懷。

清初三大名君之一的乾隆皇帝總是以「書生皇帝」自居，他把自己的品茶、論詩、題字方面的成就看得非常之重。每當他有新詩或者得意之作時，都希望得到大臣的讚美。在品茶方面，也是如此。

有一天，宰相張廷玉從朝中回來沒有多久，乾隆忽然到訪。張廷玉讚美之詞就順口而來：「臣在先帝爺手裡辦了十三年差，從沒有這個先例，哪有皇上來看下臣的！真是折煞老臣了！」這一句讚美，把乾隆和先帝比較，顯出了乾隆的體貼臣子，乾隆聽了，心裡非常舒坦。

張廷玉深知乾隆好茶，便命家人把收藏的陳年雪水挖出來泡茶給乾隆品嚐。乾隆興致很高地招呼隨從坐下：「今兒個我們都是客，不要拘君臣之禮。坐而論道品茗，不亦樂乎？」水開後，乾隆親自給臣子泡茶，然後就開始大談茶經。

張廷玉知道這是乾隆的得意之事，更是大加讚美：「我哪裡省得這些，只知道喫茶可以解渴提神。一樣的水和茶，我從沒聞過這樣的香味。」

李衛也乘機稱讚道：「皇上聖學淵源，真叫人瞠目結舌，吃一口茶也竟然有這麼多學問！」乾隆聽後心花怒放，談興大發，從「茶乃水中君子、酒乃水中小人」開始，論起「寬猛之道」。一時間，廳堂裡氣氛熱烈。一邊是皇帝的妙語連珠、滔滔不絕，另一邊是臣子的洗耳恭聽、隨時讚美，乾隆說得意興濃烈。

張廷玉真是一個善於讚美皇帝的臣子，他知道乾隆皇帝對茶頗有研究，所以就圍繞品茶一事開讚，乾隆便談興大發，樂於交談了。

張廷玉能在幾十年內官居高位，這與他的言談之道、讚美之詞不無關係。他能洞察皇帝的喜好，說出來的讚美語言讓乾隆開心得意、興高采烈，自然也能經常得到皇帝的賞識了。

讚美的話要說到對方的心裡去，讓對方覺得你是知他、懂他、真正欣賞他的人，那麼，對方也就會對你投桃報李，刮目相看了。

05

把話說到對方心坎裡

說話並不是一件簡單的事情，想什麼時候說就什麼時候說，有的人想說什麼就說什麼，根本就不經過大腦的思考，這樣，最終吃虧的還是自己。因此，說話之前還是要有所準備，根據說話的對象以及他的閱歷、對事物的認識能力和他的愛好、生活習性等，都要進行一些基本的瞭解，才能開始進行對話和交流，也只有這樣，交流才能達到最佳的效果。

歷史上的很多名人之所以成為名人，就是因為他們深深地懂得說話前準備的重要性。一個人說話之前要是沒有準備，就像面臨一場考試而沒有準備一樣，將會變得很被動，結果也將是對自己很不利。在與陌生人接觸的過程中，有人誇張地把這種社交場形容為「戰場」。要想成功地取得戰門的勝利，就必須知己知彼，才能百戰不殆。

清朝的大臣盛宣懷就是一個很聰明的人。

盛宣懷是晚清的一位大臣，他剛上任在拜見陌生的上級時，就非常注意瞭解對方的有關情況，一直在準備著和這個上級的對話。有一次，機會終於來了。在李蓮英的保薦下，他的陌生上級醇親王終於決定接見這個下級，並且還特地在宣武門內太平湖的府邸專門設宴接見他，順便向他垂詢有關電報的事宜。

盛宣懷雖然以前從來沒有見過醇親王，但與醇親王的門客「張師爺」卻過從甚密，平常盛宣懷就從他那裡瞭解到關於醇親王兩個方面的情況：

第一，就是醇親王跟恭親王不同，當時正是西洋學在中國開始盛行的時候，恭親王認為中國必須要跟西洋學習，才能壯大自己的實力。可是醇親王則不同，他不認為中國人就比洋人差，因此在對待外國文化的態度上，醇親王就是一個十足的保守派。

第二，就是醇親王雖然好武，但自認為書讀得不少，也頗具文采，經常在很多場合炫耀他的文采。

盛宣懷瞭解了這些情況之後，就迅速到身為帝師的工部尚書翁同和那裡抄了一些醇親王的詩稿，念熟了其中比較好的幾首，以備「不時之需」。

這些還不夠，為了能讓醇親王第一次接見就在他心目中留下自己的好印象，盛宣懷還做了很多準備。比如說，盛宣懷還從醇親王的詩中悟出了些醇親王的心思，俗話說：「文如其人。」這在和醇親王的對話中將會有著很大的用處，以防自己說了對方不愛聽的話，那前面的所有努力也就白費了。在準備好這些之後，盛宣懷就胸有成竹地前來謁見他那未見面的上級醇親王。

一切都很順利，盛宣懷對醇親王的話基本上是有問必答，並且句句說到了他的心坎上，當他們談到電報這一名詞的時候，醇親王假裝問盛宣懷：「那電報到底是怎麼回事？」

盛宣懷對此早有準備，他從容不迫地回答道：「回王爺的話。電報本身並沒有什麼了不起，全靠活用，所謂『運用之妙，存乎一心』，如此而已。」

醇親王聽他竟然還能引用岳武穆的話，立刻就有了興趣，同時對他這個下級也不免另眼相看，便問道：「你也讀過兵書？」盛宣懷並沒有因為上級的這種問話而變得驕縱起來，他還是那種謙虛的態度：「在王爺面前，怎麼敢說讀過兵書？英法內犯，文宗顯皇帝西守狩，憂國憂民，竟至於駕崩。那時如果不是王爺神武，力擒三凶，大局也就真的不堪設想了。」盛宣懷在自謙的時候，也不忘誇獎上級一番，這種時機真的是可遇而不可求。

盛宣懷略停了一下又說：「那時有血氣的人，誰不想洗雪國恥，宣懷也就是在那時候，自不量力，看過一兩部兵書。」盛宣懷真是三句話不離醇親王的「本行」，這也看出他在和醇親王對話之前確實花了一點功夫的，也是著實作了一番的準備。

醇親王是盛宣懷的上級，無疑他的接見直接會關係到盛宣懷的前途與命運，因此，盛宣懷能花不少的工夫來打探醇親王的情況，甚至在還沒見面之前，就對他的喜好、性格瞭解得一清二楚，這無疑中為自己增添了不少信心。拜謁之時，盛宣懷句句話說在醇親王的心坎上，使他覺得這個人很合自己的胃口。於是，很快對他委以重任，最終盛宣懷的未雨綢繆幫了自己的忙。

盛宣懷是一個聰明的人，他的聰明不僅僅表現在他會溜鬚拍馬上面，更重要的是他能知道怎麼樣拍馬既能得到自己的好處，又不至於把馬給驚了，要做到這樣，就得對這匹馬有一個全面的瞭解，這就是準備。

那麼，到底如何來準備這些事情呢，主要有以下幾個步驟：

一、瞭解情況

也就是瞭解對方的一些生活經歷和生活狀況，以便在說話交流中能把話說到對方的心坎裡去。一般在這些應酬當中，每個人的思維方式各不相同，每個人也都有每個人的生活願望和生活觀點。交談能否融洽，則在於你話題的選擇，對什麼樣的人就得選擇什麼樣的話題。

舉個很簡單的例子，對於一個基本生活都有困難的人，如果你在那裡大吹特吹打高爾夫球或是環球旅遊的樂趣，那他肯定對這個話題不感興趣，甚至是厭惡這個話題，轉而開始厭惡你這個人；但是相反，如果你告訴他一條快速致富的門路，不用你說下去，他也會提問的，因為這正是他所關心的。也就是說在交流時要關注對方所關注的話題，而不是你所關注的話題。

二、累積經驗

瞭解完了一個人並不是就完成了準備工作，其實還差得很遠。一般人都知道在談話中，經驗是很重要的。特別是對於那些應酬的話題和場面，就必須具有一定的應酬經驗，否則就會出現冷場或者很尷尬的局面。

那麼，這些經驗是怎麼有的呢？那就得靠累積。在和對方交談的時候，你就得刻意地去觀察對方是怎樣將這些話題連成一串的，不至於出現冷場或者是尷尬的局面，這個時候你就得學習累積，以便在自己遇到這種情況的時候能輕鬆應對。

三、區別對待

對不同的人要進行區別對待。所謂不同的人，就是不同性格的人。和不同性格的人交流，你就得有不同的態度和表現。因此，在和對方交談之前，就應清楚對方的身分和性格特徵。

比如說，對方是一個性格外向的人，那麼他們就易於「喜形於色」，你就能很清楚地從他們的臉上判斷出他們的心理。根據這些，你再進行話題的調整或者是語氣的調整，就能和他輕鬆地交流，侃侃而談。而如果對方是一個性格內向的人，那就得換一種策略。因為性格內向的人一般都「沉默寡言」，對於這樣的人，就必須用另外一種態度了。比如，說循循善誘。另外還要注意委言婉語，不能像和外向的人一樣說大話、開一些不入流的玩笑。

整體來說，就是要設身處地替別人想想，而不只是一味的誇誇其談，否則必然是使你失掉了一批又一批的交談對象甚至是合作對象。因此，在交談中區別對待交際對手，根據交際對手的不同性格進行不同形式的準備，為的就是一個目的：讓自己把話說得最好，把話說到點子上。

06 察言觀色，說對方想聽的話

察言觀色是一切人情往來中操縱自如的基本技術。不會察言觀色，等於不知風向，便去轉動舵柄，弄不好就會在小風浪中翻了船。

直覺雖然敏感卻容易受人蒙蔽，懂得如何推理和判斷才是察言觀色所追求的頂級技藝。言辭能透露一個人的品格，表情眼神能讓我們窺測他人內心，衣著、坐姿、手勢也會在毫無知覺之中出賣它們的主人。言談能告訴你一個人的地位、性格、品質及至流露內心情緒，因此善聽弦外之音是「察言」的關鍵所在。

如果說觀色猶如察看天氣，那麼看一個人的臉色應如「看雲識天氣」般，有很深的學問，因為不是所有人所有時間和場合都能喜怒形於色，相反是「笑在臉上，哭在心裡」。「眼色」是「臉色」中最應關注的重點。它最能不由自主地告訴我們真相，人的坐姿和服裝同樣有助於我們觀人於微，進而識別他人整體，對其內心意圖洞若觀火。

有一句經典的話這樣說：一樣的米養百樣的人。因此，在人際交往中我們也要學會察言觀色。而在這方面，《紅樓夢》裡的王熙鳳可以說就是這樣的例子。

王熙鳳就像一個高明的心理學家，她非常善於察言觀色，辨風測向，經常是對方還沒有說出口時，她便已經猜到了；若是對方剛說，她就已經辦了。這樣的例子數不勝數。在林黛玉剛進賈府時，王熙鳳在初見林黛玉時，說她：「況且這通身的氣派，竟不像老祖宗的外孫女兒，竟是個嫡親的孫女。」林黛玉遠來是客，誇獎她是應該的有技巧，但是當時迎春姐妹都在場，如何只誇獎黛玉的話，恐怕她們會覺得不快，所以，王熙鳳一句「竟是個嫡親的孫女」，在誇獎黛玉的同時，又肯定了迎春姐妹，使大家都很有面子。

在社交中，學會察言觀色的本領很重要，因為不同性格的人，他們喜歡聽的話和喜歡做的事是不一樣的。比如對性格活潑、個性開朗的人，可以比較隨意地開玩笑；但是對性格內向的人，交談的時候需要耐心；對於性格耿直的人，可以對他們直言不諱，既不會引起反感，還會引起對方的共鳴；而對那些性格多疑、小心眼的人，說話則要小心謹慎，開口前要再三醞釀，注意不要得罪對方。

人的性格往往又是多變的，在不同場景下表現也不同。比如，有些以往性格拘謹的人，也會在高興的時候表現出可能只是一瞬間的活躍，如果能把握住這「一瞬間」，向對方提出要求，只要是合理的，對方都可能很容易地答應下來，達到溝通的目的。還有的人平時都顯得溫文爾雅，但也可能因為某些事情變得狂躁，在這個時候，千萬不要隨意講話，以免觸怒了他，自討沒趣。

要學會察言觀色，就首先要學會聆聽，任何一句話，認真去聽，都可能聽出某些道理，不可能毫無價值。但是，我們常常不在乎這些道理，卻斤斤計較於對方表達時的態度和語氣。換句話說，我們不認真聽對方在講什麼，卻十分介意對方是怎麼講的。事實上，愈有道理，愈容易引起聽者的反感，愈忠言逆耳，愈要雙方認真地聽。

同時，我們還要會關注對方說話時臉部的表情。表情比言語本身更能表達內心的動態。人類五官之中，眼睛是最敏銳也最誠實的。古人說，觀察人的邪正，沒有比觀察他的眼睛更準確的了。眼睛不能遮掩人的惡念。心正，眼睛就明亮；心不正，眼睛就昏昧。

說話的速度、說話的音調、說話的節奏也不能忽略，它能幫助我們揣摩對方的心理。比如，說話的速度常常能反映一個人的心情，說話快的人突然慢下來，那他可能有些不滿，而說話慢的人忽然加快語速，他可能在說謊，或者心中懷有愧疚。再比如，說話的音調。一般人說謊時，由於害怕事情被揭穿，音調會不自主地提高。同時，為了反對他人的意見，也可能提高自己的音調。說話的節奏也很重要。節奏比較順暢時，說明他很有信心；若張口結舌、吞吞吐吐，說明他缺乏自信。

要看透一個人光注意以上幾點還是不夠的，一些老於世故的人，喜怒不形於色，很難從其表情上看出其內心活動。這就要求我們平日多做溝通，促進瞭解，把對方的價值觀和人生觀摸清楚，然後再來評斷，通常比較準確。

要有察言觀色的本領一定要隨機應變。就拿與人交流來說吧，你一定要看對方的反應。在與人交流前，要對交流對象有一個基本的瞭解，要能找到適合的、對方能接受的話題。一旦發現對方對你的話題沒有興趣，表現出不耐煩時，就應馬上想辦法轉換話題，避免尷尬。

07

尋找他人引以為豪的地方

在生活中，很多人都有自己的喜好和得意之事，當讚美者提起這些內容時，對方就會喜不自勝。

在日常談話中我們可以看到，有的人能在很快的時間內找到話題，成為「見人熟」；而有的人卻很久還找不到接近他人的方法，說出來的也是笨拙的開場白。為什麼會有這種差別呢？主要是因為找不到共同的話題，找不到對方有可能感興趣的點。

讚美也是一樣，也需要找到對方最引以為榮的話題。讚美需要獨特的眼光。當你接近一個人時，先以最快的速度找出對方值得讚美的地方，然後從那些他可能引以為自豪的地方著手讚美，這樣就能迅速地博得他人的好感。

理查德是美國康涅狄格州的一個律師，有一天，他駕著汽車陪太太去長島拜訪親屬。太太留下理查德陪老姑媽閒談，自己去走訪其他的親戚。

理查德看到姑媽的房子造型跟自己兒時居住的房子結構很相似，家裡的佈置則顯得精巧而別緻。理查德認為，房子可能是姑媽花費了很多心思的得意之作，於是，他把房子作為和姑媽聊天的主要內容。

理查德走到姑媽身邊，問道：「這棟房子是一八九〇年建造的嗎？」

「是的，」姑媽回答，「就是那年造的。」

理查德又說：「這房子的裝修顯得精巧而別緻，使我想起小時候住的房子。那時候的人都很注重房子的裝飾，房子內既整潔，又雅致。然而，現在的人都不太講究這些了。」

「是的，」姑媽點點頭說，「現在的年輕人不講究房子的美觀了，他們只需要一間小公寓，一台電冰箱，再買輛汽車就能過日子。」姑媽懷著追憶的心情繼續說道：「這是一棟理想的房子，它完全是用愛建成的。我和丈夫曾夢想多年，一直到中年才實現了這個夢想。在裝修時，我們沒有請設計師，完全是兩個人一起設計的。」姑媽邊說邊領著理查德，四處參觀房子，並向理查德展示她花了大力氣才收藏到的各種珍品：法國式的床椅、古老的英國茶具、義大利的名畫，甚至還有一幅曾經掛在法國宮廷裡的帷幔。

理查德跟在姑媽身邊，邊看邊真誠地讚美姑媽的眼光，高興地與姑媽分享這種收藏的快樂。

最後，姑媽帶著理查德來到了車庫，指著裡面一輛保存得很好的福特轎車說：「這部車是我丈夫去世前不久買的，自從他去世後，我就再也沒坐過。你很有品味，懂得欣賞美麗的東西，我要把這部車子送給你。」

理查德聽了頗感意外，趕忙辭謝說：「姑媽，我感謝妳的好意，可是我不能接受。我自己已經有了一輛車子。妳如果自己不用，可以送給別的親戚。」

「親戚？」姑媽提高了聲音說，「是的，我有很多親戚，他們都希望我能早點離開這個世界，這樣他們就能得到這部車子了。很可惜，他們永遠都得不到。」

理查德又說：「姑媽，妳不願意送給他們，還可以賣掉啊。」

「賣掉？」姑媽大聲了起來：「我怎麼會賣掉這部車子？你認為我會忍心看著一個陌生人開著這部車子嗎？這是我丈夫特地買給我的，我做夢也不會想要去賣掉它。我願意把它交給你，因為你懂得欣賞美麗的事物。」

理查德無法推托，他不能辜負了姑媽的盛情，於是接受了這份禮物。

在理查德與姑媽的交往過程中，他用細心的觀察發現了房間的精心佈置，於是找到了與姑媽交流的話題。令他高興的是，房子正是姑媽最引以為自豪的事物，理查德從這個方面去讚美姑媽的眼光，姑媽便感到有了懂得欣賞的人。

在姑媽的心目中，懂得欣賞這種房子的美的人，就是自己的知己。在多年的孤寂生活中，姑媽終於得到真誠的讚美，這讚美就像是沙漠中的一泓清泉，讓她激動而且欣慰，甚至願意以「福特」汽車相贈。

稱讚他人，要先找到對方引以為自豪的地方。每個人引以為自豪的內容都不一樣，有的以容貌為榮，有的以學識為榮，有的以品格為榮，有的以子女為榮。要恰如其分地讚美別人是件很不容易的事。如果稱讚得不得法，反而會遭到排斥。

要找到對方引以為自豪的內容，可以從對方的神情來判斷。當你談到他感興趣的話題時，對方會聚精會神，話語更多，眼睛閃亮。這時候，你就可以將話題進一步深入，並發揮讚美了。

另外，還可以從觀察細節來知道對方的自豪之處。比如，對方對衣著品味的重視，身上穿的全是名牌，皮鞋擦得閃亮，這可以顯示對方是一個重視著裝、講究形象的人。這時，你就可以從外表方面來著手讚美。還有的人，喜歡將一些有紀念意義的獎狀、獎盃等擺放在房屋裡，這也顯示對方很在乎榮譽。你也可以從這些方面加以讚美。

尋找他人引以為自豪的地方，需要耐心和細心，透過言談來瞭解對方的興趣點和成功點，這樣就能打開對方的心扉。找到了對方引以為傲的點，用合適的語言去讚美他，這樣的讚美就能讓他感覺到很舒服、很受用。

08 表達讚美的高超手段

讚美是一種聰明的、隱藏的、巧妙的肯定。在很多時候，它不透過直接的讚美之詞表達出來，而是以虛心請教的方式，表現出對他人才能的欽佩和尊重。

諸葛亮是歷史上一代名相，出山之前被稱為「臥龍先生」，成相之後被傳為神機妙算的孔明。他的出道和功績，都離不開劉備的尊重和讚美。

諸葛亮的出山，是從劉備的「三顧茅廬」和「隆中對」開始的。劉備屈尊降駕，以虛心的態度來請教諸葛亮天下大勢，終於請到了諸葛亮為軍師。諸葛亮的少年時代是在戰亂流離中度過的，直到成年時，才在襄陽城西的隆中置了一片田產，建了幾間房子，姐弟三人定居下來，過著「躬耕壟畝」的生活。他身居隆中，胸懷著治理國家的雄心壯志。

劉備在新野時，徐庶向他推薦諸葛亮，說諸葛亮是人中之龍，勸劉備親自屈駕迎請。劉備求賢若渴，終於下定決心請諸葛亮出山。

要請高人，就要有表達對高人尊重的方法。劉備就是以虛心請教之禮來對待諸葛亮的。劉備三次到茅廬訪問，前兩次諸葛亮不在，第三次才得與諸葛亮相見。

見面之後，劉備便在諸葛亮的茅屋中請教起天下大計。劉備說：「漢室傾危，奸臣專權，皇帝蒙塵，我自不量力，欲申大義於天下，卻因智術短淺，狼狽至今，雖然如此，我大志尚存。請問，有何大計能使我完成夙願呢？」諸葛亮對天下的形勢進行了分析，為劉備指出了成就霸業的長遠大計。理路清楚，明確中肯，顯示出超人的政治、軍事頭腦。後來，劉備對關羽和張飛說：「我之得孔明，猶魚得水。」

為什麼諸葛亮願意接受劉備的邀請而出山呢？因為他從劉備的虛心態度中，感受到了劉備對自己的重視，對自己能力的肯定。如果劉備大模大樣地往那裡一坐，一副愛理不理的姿態，那麼，諸葛亮肯定不願意忠心輔佐了。

高超的讚美和虛心地請教本身就是相輔相成、互為轉換作用的。當一個人虛心地向對方請教時，無意之間流露的就是對對方的讚美和信服，這樣，對方就會樂意指點迷津、真心以待了。

在秦國歷史上，秦穆公是一個善於以虛心請教來表達對他人讚美和尊重之意的君主。公元前六五九年，秦穆公繼位，開始了擴張疆土的事業。秦穆公胸懷大志，卻苦於無賢才輔佐。有人告訴他，穆姬媵人百里奚是不可多得的人才。秦穆公喜出望外，急忙去請，卻得知百里奚已經逃到了楚國。

秦穆公願以重金贖回百里奚，又怕楚人不給。於是派使者到楚，說：「中國的奴隸百里奚逃到貴國，請允許我方用五張公羊皮將他贖回。」楚國一看此人如此不值錢，就答應了秦使者的要求。

當七十餘歲的百里奚被押回秦國時，秦穆公親自為他打開鐐銬，尊之以上座，並向他求教治國之策。百里奚對秦穆公的行為感到受寵若驚，推辭說：「我是亡國之臣，哪裡值得君公垂詢？」缺乏信心的百里奚語氣裡透著傷感和自卑。

秦穆公懇切地說：「虞君不用你，才使你被擄，並不是你的過錯。」

秦穆公透過剖析虞君之過巧妙地讚揚了百里奚的政治才能，鼓勵了他的信心。秦穆公誠懇、虛心的求教態度是對百里奚治國才幹的無聲稱讚。秦穆公的態度使百里奚鼓起了信心，百里奚與秦穆公一起探討國事，一直談了三天。百里奚終於同意為秦國出謀劃策，秦穆公封百里奚為國相。因為百里奚是用五張公羊皮贖回來的，所以人們稱他為「五羊大夫」。

百里奚本是人才，但是卻一直沒有找到明主。秦穆公在贖回百里奚以後，以行動和虛心請教的態度表達了對百里奚的尊敬。親自為他開鐐，並讓他坐上座，還請教治國之策。這些行動，都讓百里奚感到了受重視，於是接受了秦穆公的誠意，為秦國效命。

虛心請教是表達讚美的高超手段，它的落腳點仍然是發自內心的尊敬和讚美。如果不是從心底裡佩服對方，也就不會有虛心請教之舉。所以，當你不大擅長抒發讚美之詞時，不妨以虛心請教的方式走近他人，以這種高超的方式表達你的讚美之意。

09 盡量用特色鮮明的詞句去讚美

如果在人多的場合，大家眾口一詞地讚美同一件事，就會讓聽者陷入很不自在的境地。越是最後幾個讚美的，如果是同樣的話，越讓他感到厭煩。

五代十國時期，後梁太祖朱溫的手下就有一批鸚鵡學舌拍馬屁的人。一次，朱溫與眾賓客在大柳樹下小憩。大柳樹濃蔭蔽日，樹下清風習習，十分涼爽，朱溫不禁讚歎道：「好大柳樹！」賓客為了討好他，紛紛起來相繼讚歎：「好大柳樹！」

朱溫看了覺得好笑，又道：「好大柳樹，可作車頭。」實際上，柳木是不能做車頭的，但還是有五、六個互相讚歎：「可作車頭。」

朱溫對這些鸚鵡學舌的人煩透了，厲聲說：「柳樹豈可作車頭！我見人說秦時指鹿為馬，有甚難事！」

於是，他把說「可作車頭」的人抓起來殺了。

每個人都有自己的大腦和思想，應該都有自己的話語。如果說話時不假思索，跟著別人說，人家說好他也說好，人家說差他也說差，那麼就會變成一條「應聲蟲」，說出的話也不會受人重視了。

一些人在公共場合讚美別人時，自己想不出怎樣讚美，只能跟著別人說重覆話，附和別人。這種「鸚鵡學舌，人云亦云」的說話方式最令人厭煩。

世界是豐富多彩的，每一個人接觸他人的點都不一樣，評價和讚美的語言也應該有所不同，帶上自己的特點。

被譽為「飛人」的籃球明星喬丹曾得到很多觀眾的讚美，在他退役的時候，各界名人對喬丹的評價和讚美都各不相同。

原美國總統克林頓說：「喬丹的性格、生活習慣、人格魅力，已經和超乎常人的球技結合在一起，喬丹的形象成為一個完整的人格典範。」他從喬丹的人格魅力方面加以讚美的。

CHAPTER 2
話要說到點子上

ＮＢＡ傳奇巨星張伯倫說：「拿我和喬丹相比，就等於用螺旋槳飛機和現在的超音速戰鬥機相抗衡。」這是同行的球星對喬丹的讚美，他把喬丹的水平看成是自己無法企及的高水平。

世界足球史上的偉大球王比利說：「喬丹使我知道，除了用雙腳外，還有其他辦法能使皮球產生魔力。」作為足球的泰斗，比利將籃球與足球運動的區別來讚美喬丹，稱讚喬丹用雙手讓籃球產生了魔力。

「魔術」強森說：「在ＮＢＡ，一半是喬丹的，剩下的才是我們的。」強森自己也是籃球高手，但是他認為ＮＢＡ隊中有一半的風采都是屬於喬丹的，這是作為同事的讚美。

教練菲爾・傑克遜說：「喬丹並不需要什麼教練，他的威信和威嚴已經超過了任何教練。對公牛而言，戰術和技術已不是最重要的，喬丹已經超越了一切。」菲爾・傑克遜認為喬丹都不需要教練的指導了，這是對球員的高度讚美。

美聯社說：「ＮＢＡ最偉大的球員，繼穆罕默德・阿里之後世界上最傑出的運動員——喬丹宣佈退役。他在巔峰時刻離開，使ＮＢＡ頓時黯然失色。」作為新聞媒體，美聯社對給了他「繼穆罕默德．阿里之後世上最傑出的運動員」的美譽，並用「ＮＢＡ頓時黯然失色」來表達喬丹退役的影響，彰顯喬丹的實力。

從上面的不同讚美詞中，可以體會到不同的人對同一事物都可以具有多樣的、豐富的讚美。讚美之詞絕不是千篇一律，而是要各具特色，豐富多彩。我們在讚美別人的時候，也要注意這一點，並盡量去發掘一些準確、生動、有趣的讚美之辭。

10 不同的女人需要不同的稱讚

稱讚女人的時候，大家可能都會認為先從外貌開始比較快捷。但問題是，一旦你碰到相貌平平的女性怎麼辦？這就是說，除了容貌之外，我們並不是一無所求。眾所周知，每個女人都有自己的特質，而且有著為別的女性所沒有的特徵，包括生活經歷、家庭環境、教育層次、性情氣質等。因而，每個女人所關心的內容和重點也不一樣。所以不同的女人需要不同的稱讚和誇獎。

一、讚美女同事的修養氣質

對於相貌平平的女性，我們就有必要從她的修養上找話題，比如說她從不大笑，說話從不大聲等。有許多女人，儘管長得漂亮，由於缺乏內涵，接觸一段時間之後就露出了馬腳。而一個擁有好的修養的女性，雖然外表不能打動我們，但是隨著時間的推移，她的魅力會越來越大。這種女性的吸引力是內在的，它可以征服一個男人的心，所以，你在這方面就有了進攻之道。

下面是一些實例：

對一個從不愛說話的女孩說：「妳是我們這裡最文靜的女孩。」

對一個總愛說話的女孩說：「妳是我們這裡最活潑可愛的女孩。」（假如你喜歡她這種類型的女孩的話）

對一位不化妝的女孩說：「我從來不喜歡那些化妝化得很濃的女孩，妳看那樣多俗氣！」

對一位愛化妝的女孩就有必要改變方式：「會化妝就是不一樣，看來妳的審美觀不是一般而已，妳一定有學過美妝吧？」

對一個唱歌唱得很好的女孩說：「聽妳的唱歌真是一種享受。」

二、讚美女性的細膩和善解人意

女人憑借其細膩的直覺就可以瞭解男人的心理活動，這使她們對男人深層的、有時是難以覺察的需要做出及時準確的反應。善解人意，是女人征服男人的技巧與本能；它使男人感到一種呵護與溫暖。當一位女性為你端上一杯熱水時，你千萬別忘了拍她一下：「妳真善解人意！」

下面是一些實例：

對一個愛哭的女孩說：「像林黛玉一樣多愁善感。妳一定是一個善良溫柔的女孩。」

對一個不愛哭的女孩說：「妳一定非常堅強。我看妳辦事非常有主見，不像別的女性那樣婆婆媽媽。」

對一個愛乾淨的女孩說：「真是女人味十足。看，多講究！將來一定是一個好太太。」

對一個孝順的女孩說：「我的母親總是誇獎妳。我的姐姐也和妳一樣。」

對一位經過介紹認識的女性說：「別人都說妳很容易接近，我看是都想和妳接近。」

三、讚美女性的工作能力和事業心

現代社會，女性參與的意識越來越強。而且，透過我們的調查發現，愈是相貌平平的女性，在這方面的要求愈是強烈。有很多女性，儘管長相一般，但是其魅力並不亞於那些漂亮的女子。因此我們要看準她的能力。有的女性很有事業心。她們從來不願意為男人活著，你誇獎她的工作能力、審美水平、學識修養都能打動她的芳心。

下面是一些實例：

對一個會燒飯的女性說：「誰和妳交朋友，算誰有福氣。什麼都會，而且工作也是好厲害的。」

對一位剛剛和上司提過意見的女性說：「妳的意見是我們大家的意見。我很欣賞你的勇氣。」

對一位從不願意作「出頭鳥」的女性說：「我真佩服妳的處世方式，沉穩得很，別看妳長得這麼年輕，但是心計卻是大大的有。」

面對一位身穿白衣的護士說：「現在妳是穿著白衣的天使。其實，妳下班後仍是天使。」

對一位崇拜知識的女性說：「我最近發表的那篇文章，還是受了妳的啟發才寫成的。為了感謝妳給我的靈感，我今天特意來請妳吃飯。」

對一位學歷不高的女孩說：「我雖然不完全贊成『女子無才便是德』，但是我總覺得女孩有個高中學歷就足夠了。別小看高中學歷，妳的智商並不比有些靠死讀書讀出來的差。」這樣，你就能滿足她的虛榮心。

對一位學歷較高的女性說：「一般來說，在大學裡很難找到漂亮的女孩。這可能是因為她們在中學裡比較容易被男同學打擾的緣故。請談談妳的訣竅。」

四、盡量讚美女性的內在美

美麗、可愛、魅力等有關容貌的讚美，對女性而言非常敏感。雖只是表面的稱讚，對方也會覺得有一絲絲的喜悅。然而讚美本來就不簡單，尤其是讚美女性更難，在她情緒不好時，你的一句：「小芸，妳今天特別漂亮！」也會讓她覺得「那麼以前我天天都不漂亮？」

讚美是出自內心的喜歡與欣賞，並非逢迎或違心阿諛。因此真心的讚美，除了外在的稱讚之外，不妨讚美她的內在美。

你如果對一個女性說：「妳的眼睛像星星那樣明亮，像泉水那般的清澈。」不如說：「妳的舉止高雅，談吐中肯。對了，妳都如何進修充實自己呢？」後面這種讚美會使對方更為喜悅。

11 發自內心的讚美才能取得效果

世界上最能打動人心的話語，往往是發自內心的話語；最能感動人的聲音，也是發自內心深處的聲音。讚美要動之以情，關鍵就是要發自內心，讓對方感受到你從心底裡發出的讚美之音。

最能打動人心的，往往是飽含真情的言行。讚美也是一樣。當有些人千方百計尋找華麗的辭藻來修飾讚美之詞時，發自內心的真誠的讚美，卻輕而易舉地捕獲了被讚美者的心。有句廣告詞是：溝通從「心」開始。同樣，讚美他人也要從「心」出發，這樣的鼓勵才是最珍貴的，取得的效果也一定最大。

女作家池莉也把從心底發出的感情轉化成由衷的讚美的文字。她的作品大多是對平凡人生的描述、體驗、認同，展示的是一種平民情懷。她曾經說過：「用『我們不可能主宰生活的一切，但將竭盡全力去做』的信條來面對煩惱，是一種達觀而質樸的生活觀，是當今之世我們在貧窮落後之中要改變自己生活的一種民族性格。從許多人身上我看到了這種性格，因此我就讚美了它」。可見，她的作品，的確是出自內心的、對平民性格的讚美。

發自內心的言語和行動是最感人的，或許那只是幼稚的話語，簡單的禮物，但是卻能傳遞真情，感受情意。當這樣飽含真情的讚美傳遞出來的時候，也就感動了接受到它的人。

著名女作家三毛是一個敢作敢為、敢愛敢恨的女子。三毛跟隨丈夫到撒哈拉沙漠，在艱苦的環境中快樂的生活。自從丈夫荷西意外死亡之後，三毛傷心欲絕。

很多讀者勸三毛放棄思念，重新走入新的感情生活。為了感謝讀者對她的關心，三毛寫了《野火燒不盡》一書，回應讀者的建議。

在書中，三毛寫道：「請求你，給我一份自己選擇的權利；請求你，不要為著自己一點蠅頭小利而處處麻煩人……不要強迫我回信，不要單個的來訴說你個人的傷感，要求支持。」三毛將稿子發表了，但她內心的傷感依然不減。

有一次，三毛到彰化演講。在燈火燦爛的舞台上，三毛不顧疲憊和飢餓，微笑著站在舞台上，對著黑壓壓的聽眾，訴說著自己的感受。她把自己曾經痛哭長夜的經歷告訴聽眾，並說自己已經戰勝了悲傷，重新找回了自由的靈魂。

三毛演講完畢，台下響起了如雷的掌聲，大家都對她表示支持和鼓舞。這時，從第一排的座位上走出一個腿有殘疾的女孩，她一拐一拐地走向舞台。她的左手彎著不能動，右手伸向三毛，遞上一只小皮套子。

「妳要送給我什麼呢？」三毛問。

「我要送給妳一顆印章。」

「刻的是什麼字？」三毛將自己的雙手伸向女孩。

「一句詩：『春風吹又生。』我自己刻的——送給妳。」

一瞬間，來自女孩內心深處真摯的愛傳遞到了三毛的心中。三毛看著這個行動不便、只能用一隻手的女孩，淚水如泉湧出。這麼多年來，她聽到過很多讚美，但是，這一次的禮物卻讓她刻骨銘心。

當女孩走回位置重新入座的時候，全場的人都給她報以如雷的掌聲。

在所有的支持和鼓勵之中，這個女孩的表達方式感動了三毛。因為女孩盡自己最大的努力表達了對三毛的尊重、敬意、讚美。她的行動代表了所有的希望和期待，她的印章表達了對三毛的深深祝福。

在說話的藝術中，發自內心的話語也是最具有感染力的。當說話者的情緒是從心中有感而發時，就能讓對方感同身受，深刻領悟。

荷蘭物理學家彼得・塞曼在大學一年級時十分貪玩，他被燈紅酒綠的城市生活迷惑了，追求穿著、遊樂，還被人稱為浪蕩公子。他的母親看到一落千丈的成績單後，百感交集，淚流滿面。

彼得・塞曼的母親想勸告自己的兒子，但是，她知道，單純的說教並不會起到很好的效果。於是，她給兒子講一個有關他的家鄉的往事：

彼得・塞曼的家鄉原來位於西海岸的一個半島上，那個小島經常受到海浪的侵襲。

CHAPTER 2

話要說到點子上

一八六〇年五月二十四日午夜，堤防潰堤，小島又遭到了海浪的衝擊。在洪濤中，有一個孕婦在拚命掙扎。她已經快要生產了，碩大的肚子在海水中浸泡，非常危險，而海浪的衝擊又讓眾人不敢靠近。但是，為了母子的生命安全，人們紛紛投以援手，費了很大的力氣才把這個孕婦救上岸來。

幾天之後，這個孕婦生下來一個男孩，他的名字就叫做彼得・塞曼。

講完這段經歷後，彼得・塞曼的母親不無悲哀地說：「早知塞曼是個平庸的人，我當初就不必在海浪中拚搏努力了。」

彼得・塞曼聽完母親的話，羞愧萬分。彼得・塞曼暗暗下決心要努力學習，做一個有用的人。畢業時，彼得・塞曼成績優異，三十一歲時，他在老師的幫助下，在物理學上取得了重大成績。一九〇二年，他和老師同時獲得諾貝爾獎金。

彼得・塞曼之所以在聽到母親的訴說後馬上改變了學習的態度，是因為他的母親的話深深地打動了他。彼得・塞曼的母親發自肺腑的訴說和悲哀讓他感到了生命的來之不易，他對自己隨意浪費時間進行了反思，改正了錯誤。

最能打動人心的，往往是發自內心的聲音。在讚美中，也需要用心去讚美。雖然人都喜歡聽讚美的話，但並非任何讚美都能使對方高興。能引起對方好感的只能是那些基於事實、發自內心的讚美。相反，如果無根無據、虛情假意地讚美別人，對方不僅會感到莫名其妙，更會覺得你油嘴滑舌、詭詐虛偽。

學會用心去讚美，讚美才會成為一塊成色極好的寶石，為你折射出大千世界的絢麗，讓你看到真、善、美，得到繽紛與絢爛。

12 重覆的讚美更容易取得良好的效果

人人都渴望被讚美。美國著名心理學家威廉．詹姆斯說：「人類本性上最深的企圖之一是期望被讚美、欽佩、尊重。」希望得到尊重和讚美，是人們內心深處的願望。每個人都渴望得到他人的讚美。在這個時候如果可以反覆的讚美，一定會給對方相信自己的力量，讓對方相信別人的讚美是真的，只要自己繼續努力，一定會更好。

這時候，反覆地讚美就如同最有效的靈丹妙藥。在人與人相處的過程中，有一劑靈丹妙藥總是能在關鍵時刻起到作用，反覆讚美的話，能讓人心情愉快，能催人奮進，能改變他人於無形，能讓大家都生活在一個充滿自信的、快樂的世界裡。

喜劇大師卓別林年輕時歷經諸多磨難，他對生命和事業執著追求的動力，就來自有眼光的評論家的反覆讚美。

卓別林出生在英國，父親早逝，母親患了嚴重的精神病。為了生計，幼年的卓別林四處尋找可以賺錢的生計。經過四處打聽，卓別林得知倫敦的一家劇院需要一個小演員。後來，在一部劇名為《吉姆——一個倫敦人的傳奇》戲中，卓別林扮演了報童桑米一角。

《吉姆——一個倫敦人的傳奇》戲劇的演出並不成功，還招來許多批評家毫不客氣的批評。然而，《倫敦熱帶時報》在批評該劇的同時，卻獨具慧眼地對卓別林在劇中的表現大加讚揚，評論說：「但是，幸好有一個角色彌補了該劇的缺點，那就是報童桑米。桑米這一角色雖然在劇中被寫的陳腐而平常，但卓別林這位伶俐活潑的孩子卻把他演得十分有趣。以前我們不曾聽說過這個孩子，但是可以預見，不久的將來一定會看到他不凡的成就。」而且不止一個人這麼讚美他。

起初卓別林看到那段讚美之詞時並不敢相信，但隨著讚美的人越來越多，他就抑制不住內心的激動和熱情。對卓別林來說，這樣多次的讚美就像一縷纖細的陽光，給他貧窮而苦難的生活帶來了希望。他感覺得到了光亮的指引，獲得了前進的勇氣，看到了成功的希望，於是，他下定決心從事演藝事業。

在接下來的學藝的日子裡，這些讚美的話不斷地激勵和鞭策著卓別林。當時，卓別林的生活依然非常清苦。他一方面要維持生活，努力到遊藝場和巡迴劇團中找事做，賣藝或打雜；另一方面又要刻苦練習，提高自己的演技。

每當卓別林感到辛苦和勞累的時候，他就想起大家對他的多次讚美，「以前我們不曾聽說過這個孩子，但是可以預見，不久的將來一定會看到他不凡的成就」。這些話讓卓別林的眼前閃動著希望的光芒，他一遍又一遍地念著，忘卻了清苦和辛勞，感受到了前進的力量。

隨著卓別林的不斷成長，他在倫敦的舞台上小有成就了。但是，他總是找不到自己的特點和方向，這時候，評論家的讚美又一次給了他新的希望。年輕的卓別林獲得了一次去美國演出的機會。不巧的是，這次演出的劇目同樣沒有引起任何轟動。然而，美國的《劇藝報》在談到卓別林的表演時，卻撰文評論道：「那個劇團裡至少有一個很能逗笑的英國人，他總有一天會讓美國人傾倒的。」

「一個很能逗笑的英國人？」卓別林反覆地念著這句話，開心了。他想：「我既然是一個能逗笑的人，或許我很擅長表演讓人高興的角色。」年輕的卓別林打算專攻喜劇，那一句「他總有一天會讓美國人傾倒」讓他躍躍欲試。

令人驚喜的是，卓別林選擇喜劇作為自己的方向取得了重大的成就。一九一四年二月二十八日，卓別林出演《陣雨之間》中流浪漢夏爾洛的角色，他頭戴圓頂禮帽、手持竹手杖、足蹬大皮靴、走路像企鵝的形象得到了觀眾潮水般的掌聲，卓別林演繹的夏爾洛的細緻感情讓人們含淚而笑。從此，卓別林在喜劇片中的形象確立起來了，這一形象風靡歐美二十餘年。

自一九一九年，卓別林開始獨立製片，拍攝了多部喜劇片，著名的影片有《淘金記》、《城市之光》、《摩登時代》等。一九七二年，卓別林在好萊塢獲得奧斯卡終身成就獎，他被譽為「在本世紀為電影藝術做出不可估量的貢獻」。

在卓別林的演藝生涯中，就這樣多次的讚美起到了非同尋常的作用，在無形中指引了他前進的方向。這些讚美給了卓別林無形的動力和希望，使他最後能夠成為享譽世界的藝術家。試想，如果當時所有的輿論都對他的表演嗤之以鼻的話，那麼，可能會抹殺他僅有的一點兒自信和銳氣，我們也就會喪失了一位喜劇大師。

莎士比亞曾說：「讚美是照在人心靈上的陽光。沒有陽光，我們就不能生長。」植物需要陽光和雨露，因為陽光可以讓它成長，雨露可以給它滋潤，陽光和雨露是植物的生命之源。人也需要陽光和雨露的滋潤，那就是讚美。

尤其是多次讚美更如同是撒播在人心靈上的陽光雨露，它可以溫暖人的靈魂，使人們在艱難的處境中感受到溫暖和光芒。莎士比亞說：「我們得到的讚美就是我們的薪水！」對於很多人來說，多次讚美起到的作用，有時候比薪水還大。沒有人會拒絕讚美，很多人因為得到讚美，改變了自己的命運。所以請多次讚美身邊的人吧！他們會相信自己的能力，和你一起走向成功。

13 讚美不可言過其實

義大利喜劇家卡爾洛．哥爾多尼說過：「過分的讚美會變成阿諛。」讚美的語言一定要恰當，不能言過其實，讚得「過分」。

讚美的方法多種多樣，或者真摯熱情，或者含蓄委婉，或者自然流露，或者順應語勢，或者具體確切，或者發自肺腑……應根據不同人的身分、年齡和層次，運用不同的讚美方法。但原則只有一個：恰如其分，恰到好處。

過分的誇張對受讚美者有百害而無一益。俄羅斯作家克雷洛夫說過：「過分的讚美對於心智是有害的。」

讚美別人，應當一分為二。有成績肯定成績，有不足也要說明不足，控制好讚美的度。在我們周圍有很多人，讚美別人時，一是太繁瑣，不管大事小事都滔滔不絕，亂說一通，總怕自己的讚美太少，不能滿足別人。時間長了，大家都覺得他是個「老好人」，他讚美與否已沒有多大意義。二是自己不留餘地，讓人感覺他不是在讚美，而是在吹牛。

讚美應有所保留。這就好比一個氣球，似乎是把它吹得越大越好，但越大越不保險，說不定隨時都有可能爆炸。與其讓他爆炸，不如吹小點，讓人感覺心裡踏實。表揚不是文藝創作，不能像文藝作品那樣虛構、誇張，必須有一說一，有二說二。對那些確實值得誇獎的人和事做到恰如其分地表揚能起到鼓勵他人的作用。相反，如果你誇獎時隨意把事實誇大，把人家的七分成績說成十分，把人家本來很樸素的想法拔高到理想化的境界，評價失實，只能產生消極作用。

那麼，在讚美別人的時候，該如何把握必要的分寸呢？

一、掌握被誇者的起點

一般來說，起點高的人前途相對遠大一些，起點低的人前途相對小一些。如果誇獎別人前途時無視一個人的起點，就很難把握誇獎的程度。如果誇獎讚揚一個小商販前途遠大，將來定能成為一個百萬富翁，別人就不敢接受，甚至認為你是癡人說夢。如果誇一位已四十出頭仍在科長位置上奮鬥的人將來說不定會當市長，豈不折殺「小人」？倒還不如說他很快就熬個處級職位實在。

二、根據對方的優點、缺點，表達自己的讚美

金無足赤，人無完人。真誠的讚美應既要看對方的優點和長處，同時要看到他的弱點和不足，指出對方的缺點和不足，並提出一定的希望，不僅不會損害你讚美力度，相反，卻使你的讚美顯得真誠、實在，易於為人接受。尤其是上司稱讚下屬時，要有一是一，有二是二，把握分寸，要有所保留。可以在表揚時，把批評和希望提出來。否則，被表揚者尾巴翹得老高，不利於進步，也不利於其他下屬接受。

三、讚美不應該總是絕對化

像「最好」、「第一」、「天下無雙」這類的帽子別亂戴。有個企業的廣告詞說：「只有更好，沒有最好。」就顯示了企業的真誠承認，而不是譁眾取寵，華而不實，在消費者中影響很好。

實際上，一般人都對自己有個客觀評價，如果你的讚美毫無遮攔，就會讓人感覺你曲意奉承，難以接受。讚美時必須記住：一個人的成績和優點畢竟是有限的。

現代社會，每個人都需要交往，都希望自己成為讚美能手，使自己廣交朋友，成為受歡迎的人。那麼，就請記住，讚美首先要真誠，真誠就要有所保留，而不是全盤肯定。你可以大談其優點、長處、成績，不談其不足，也可以既讚美又批評，還可以提出你的希望。無論採取哪種方式，都要掌握好分寸，把握好「度」。

14 挑個適當時機給對方肯定

人不管在什麼時候，都是一種需要別人肯定的動物，似乎沒有了別人的肯定，真理也就成其不了真理了。肯定不僅僅是給人一個形式上的肯定，更大程度上表現的是一種信任，一種支持。往往很多人有了這樣的肯定之後，也就能變得義無反顧，最終也將能到達自己原先設計的目標。因此，對一個人的肯定在他的事業上將有著很大的幫助。

那麼，是不是在什麼時候對對方進行肯定都能得到這樣的效果呢？答案是否定的。肯定和其他行為一樣也是有時機的，如果時機不對，不僅不能起到原先的效果，反而會產生反面的效果。比如，說你在別人成功的時候，你再給對方以肯定，那就達不到給人信心的效果，反而對方會認為你是來諂媚或者是來看熱鬧，那麼你真心的肯定也就成了「馬後炮」，失去了原先的那份溫馨。因此，要給對方肯定也要挑一個適當的時機。

那麼，什麼時機是最合適的呢？

一、準備階段

就是在對方剛好著手準備做一件事情的時候，給對方一個肯定，那麼，也就能迅速地增強對方的自信心。如果哪天真的成功了，人家一定記著你的功勞，說不定還逢人便誇：「當初要不是某某某的肯定，我也不會有這麼大的信心做出這麼大的成就，我們還得感謝感謝人家。」

但要是結果失敗了，那也不要緊，對方肯定還會說，失敗是自己的事情，跟你這個肯定的人沒關係，人家也肯定理解，你肯定他只不過是想給他增強自信心，失敗了也就失敗了，只能重新再來了。

二、進行階段

就是對方在做某件事情做到中間的時候，往往都會失去一點自信心和耐心，也就是最需要人肯定的時候，因此，我們要緊緊地抓住這個時機來給對方一些肯定。比如說，肯定對方以往的工作仔細、認真等等，甚至你也可以和對方討論一下事情做完以後的打算。這也會在無形中給對方注入了一股力量，他也就有了自信心和耐心，接下來的事情，也就能更好地完成了。

這是一個絕好的機會，千萬不要錯過。但是有一點要值得注意的就是，在肯定對方的時候，切忌說大話，說空話，那樣反而得不到對方的贊同，認為你是在唬弄對方，即便最後的結果就是像你說的那樣，對方也會認為是自己辛勤勞動的結果，根本就不會領你的情。

三、困難時期

就是在對方遇到暫時的困難的時候，你給對方以肯定，那就相當於「雪中送炭」的效果。每個人都一樣，在遇到困難的時候都會有一絲的退卻，甚至還會打退堂鼓。這個時候，你一定要告訴對方千萬不能灰心，困難是暫時的，而前途是光明的，不要因為一時的困難而丟失了大好的前途，咬緊牙，撐一下也就過去了。你可以盡量把困難說得輕一點，前途說得光明一點。對方同意了你的說法，肯定能重新振作起來，繼續努力。

比如說，在對方因為操勞過度生病住院的時候，你就可以藉著探望對方，而給他一定的肯定，他那顆煩躁不安的心，肯定會因為你的肯定變得暖呼呼的，身體也就能很快的康復，等到成功的那一天，你一定是他的座上賓。

四、失敗的時刻

就是在對方失敗的時候，適當的給對方一些肯定，就會減少失敗帶給他的痛苦，說不定還能讓對方重新燃起奮發拚搏的勇氣，積蓄力量，以圖東山再起。

人在失敗的時候，最容易心灰意冷，自暴自棄，甚至是一路錯下去。這個時候，也是你給對方一些肯定的時機。你可以肯定他過去的工作曾給大家帶來很大的利益，即便是最後失敗了，但還是有成果的，他的努力大家還是很肯定的。

在說這些話的時候，你一定要誠懇，話語要溫柔，最好能讓對方感受得到你的那份真心，切不可以一種無所謂的態度和對方說：「失敗了也就失敗了，有本事東山再起，我們拭目以待呢！」這樣的話，對方就認為你是在幸災樂禍，而不是真的在安慰他。

對於有些人，缺少的僅僅是一個肯定，有了這個肯定，事情就會有很大的改觀，因此，在適當的時機，千萬不要吝嗇你的肯定，你的適時恰當的肯定，往往會給你和對方帶來意想不到的收穫。

如何推掉自己不想做的事

CHAPTER 3

在人際交往中，你是否有過因不知如何拒絕別人而陷入困境的經歷？但是，我們大家也許都有這種感覺，就是「不」字並不是很容易就能說出口的。因為我們害怕會因此而失去朋友、傷害了感情、冒犯了上司，如此等等。有時候，即使我們發出了拒絕的信號，卻沒有得到預期的結果，自己左右為難，費力不討好。那麼，有沒有既得體地說出「不」，又不會得罪人，不會把事情搞糟呢？回答當然是肯定——只要你掌握了一定的方法和技巧。

01 不用不好意思拒絕別人

一位著名的作家指出，這世界上確實有許多人不會說「不」，他們因此給自己造成了許多麻煩。

詹姆斯這幾天明顯有些睡眠不足，他有太多的事情做。可是，當鄰居海倫請他過去幫忙弄一下電腦時，他說：「好！」

派特請他幫忙抬電子琴到樓下時，他說：「好！」

哈瑞叫他幫忙照看一下自己的小孩時，他說：「可以。」

瑪瑞安要他為她的派對做張海報時，他說：「沒問題！」

他的特點是幾乎從不說「不」；而別克在這方面的風格習慣卻與詹姆斯大不相同。

CHAPTER 3

如何推掉自己不想做的事

早上，露茜阿姨打電話來，問別克能不能陪她一起去看「蘇富比」拍賣中國的古董。別克說：「不！」

中午社區報社打電話問別克能不能為他們的徵文頒獎。別克說：「不！」

下午聖若望大學的學生打電話來，問他能不能參加週末的餐會。他說：「不！」

晚上，《華盛頓晚報》傳真過來問別克能不能寫個專欄。他說：「不！」

當詹姆斯說四個「是」的時候，別克說了四個「不」！

你或許會認為別克是不近人情，可當事人並沒有這種感覺。因為，他很講究方式和技巧。當他說第一個「不」時，同時告訴了她：「下次拍賣古董，我會去。至於今天，因為我對傢俱、器物、玉石的瞭解不多，很難提出好的建議。」

當別克說第二個「不」時，他說：「因為我已經當了評審，貴報又在最近連著刊登我的新聞，且在一篇有關座談會的報道中讚美我而批評了別人。如果再去頒獎，怕會引人猜測，顯得有失客觀。」

當他說第三個「不」時，他說：「因為近來有坐骨神經痛之苦，必須在硬椅子上直挺挺地坐著，像是挨罰一般，而且不耐久坐，為免煞風景，以後再找機會！」

當他說第四個「不」時，他以傳真告訴對方：「最近已經剛剛寄出一篇文章，專欄等以後有空再寫。」

別克說了「不」，但是說得委婉。他確實拒絕了，但拒絕得有理。因此能夠取得對方的諒解，自己也落得清閒，而不像詹姆斯那樣使自己睡眠不足。

這世界上確實有許多人不會說「不」，他們或是不敢，或是不好意思。不敢說「不」的人，往往缺乏實力，他們只怕不順著對方的意，自己就會吃虧。要知道，越是想討好每個人的，最後可能誰也沒討好，因為沒有人珍視他的「好」，卻要加倍地責備他可能的不周到。越是想對得起每一個人的，越可能對不起人，因為精神、時間、財力有限，不可能處處顧及，結果就很可能不能完全滿足某個人的要求，還是對不起人。

應該認識到，只有在你有並且表現出說「不」的實力時，對方才會感激你說的「是」；也只有在你知道說「不」的情況下，才能積蓄足夠的實力說「是」。只有充滿自信與原則的人，才知道說「不」；也只有別人知道你有說「不」的原則之後，會信任你所說的「不」！

委婉地道出你的苦衷、說出你的原則，必能獲得朋友的諒解，贏得對方尊重！

02 不該管的閒事就要盡量推托

「事不關己，高高掛起」固然不好。愛管閒事也容易「落不是」。所謂「管閒事」，就是管了別人不需要你管的事。

管閒事與管所當管的事最大差別，在於對方願意接受的程度有所不同。有句古話說：「各人自掃門前雪，哪管他人瓦上霜。」剔除千百年來人們加給它的種種自私自利的理解，實際上倒是比較容易瞭解人際關係應對的微妙之處的。

管所當管與「管閒事」之間，的確只有一步之遙。在我們的生活中，有許多人是被盲目的「熱情」所驅，根本不知道他們該管什麼，不該管什麼，他們的「熱情」便常常為人們所避之唯恐不及了。

有個朋友交際非常廣，性格好動外向，為人熱情開朗，可是給人的印象卻不大好，因為他熱衷於為他人的感情之事費盡心力地做調解。

就是這位朋友，一聽說朋友圈中有哪兩個感情陷入僵局或是亮起紅燈，往往不請自到，自願到人家那裡充當說客，弄得人家理他不是，不理他也不是，結果總是不歡而散。

這就叫「好心幫了倒忙」，更主要的是，這樣的人容易被人利用。

在這個世界上，我們畢竟不能獨來獨往。辦自己的事情時，有時要涉及別人的利益。因此，我們在處理事情的過程中，必須全盤衡量，把握分寸，協調好各方面的利害關係，在爭取我們自己利益的同時，絕不能傷害他人。

有些事情，不該辦時就不能辦。一旦辦了，可能就違法、違情、違理，使自己或別人遭受名譽、經濟或地位的損害。當有人違背你的人格信念而託你辦事時，你也絕不能貪圖一時之利，而不負責任地答應他，縱容他，一定要慎重考慮可能引起的後果。

如果有人想整治別人，編造假的事實，求你出面作偽證，或者有人想讓你跟他一起去做違法亂紀的勾當，如果你不想與其同流合污，就應有勇氣拒絕這類無理的要求。

另外，有人請你代其完成工作時，如你的同事把自己分內的工作往你身上推，此類情況，都應拒絕。因為，形形色色的人們在社會舞台上都扮演了不同的角色，每一個人都有自己的責任和義務。既然承擔了某種社會責任或契約，就應該踐約。如果，當他們不能完成任務時，你也為他們去分擔責任，那你是明幫暗害他們，因為那樣做束縛了他們的自信心，也是助長了他們的依賴性。

誠然，與人交往和幫助別人是重要的。尤其是主動的幫忙更會受到歡迎。但是，如果你是被某種心理的壓力所迫，對一切都點頭答應，實際上是在屈服於另一種性質的某些動機，例如需要得到別人接受或讚揚，害怕給別人帶來不快和麻煩，希望別人對你感恩，有朝一日得到報答，等等。然而，處世高手懂得：當自己不是心甘情願時，就要果斷地說「不」。

比如在以下幾種場合：

假如一個朋友打算請你深夜開車送他到機場，而你確信他可以叫計程車去，但如果你去送他，不但影響一夜睡眠，還會影響隔日安排，你就要考慮拒絕。當然，如果他是順路想搭你的車，只是要你等他幾分鐘的話，你就應盡力幫忙。

當有人試圖讓您代替完成其分內工作時，你要考慮拒絕。偶爾為別人代一、兩次班關係不大，如果形成習慣，別人就會對你產生依賴性，變成你義不容辭的義務。

你準備晚上寫點東西或做點家務，朋友卻邀請你去打牌時，你可以不答應。如果是千里之外的朋友偶然來聚，當然另當別論。

的確，拒絕別人的要求是一件不容易的事，大家都有體會。而當別人央求你，你又不得不拒絕的話，更是叫人頭痛的，因為每個人都有自尊心，希望得到別人的重視，同時也不希望別人不愉快，因而，也就難以說出拒絕之話了。

不過，當你經過深思熟慮，知道答應對方的要求將會給你或他帶來傷害時，那麼，就應該拒絕，而不要為了面子問題，做出違心的事來，結果對雙方都無好處。

記住：辦不了或辦不好的事就不值得去做，就一定要設法推托。

一些比較不錯的朋友託我們辦事時，我們為了保全自己的面子，或為給對方一個台階，往往對對方提出的一些要求，不加分析地加以接受。但不少事情並不是你想辦就能辦到的。有時受各種條件、能力的限制，一些事是很可能辦不成的。因此，當朋友提出託你辦事的要求時，你首先得考慮，這事你是否有能力辦成。如果辦不成，你就得老老實實地說：「我不行……」隨便誇下海口或礙於情面不忍拒絕都是不明智的。

當然，拒絕別人的要求也是件不容易的事。的確，在承諾與拒絕兩者之間，承諾容易而拒絕困難，這是誰都有過的經驗。

有人來託你辦一件事，這人必有計劃而來，最低限度，他已準備好怎樣說。你這方面，卻一點兒準備都沒有，所以他可說是穩佔上風的。

他請託的事，可為或不可為，或者是介乎兩者之間，你的答覆是怎樣呢？許多人都會採取拖的手法。「讓我想想看，好嗎？」這話常常會被運用。

但有些時候，許多人會作一種不自覺的承諾，所謂「不自覺的承諾」，就是「自己本來並未答允，但在別人看來，你已有了承諾」。這種現象，是由於每一個人都有怕「難為情」的心理，拒絕屬於難為情之類，能夠避免就更好。

但要記住，現在大多數人都喜歡「言出必行」的人，卻很少有人會用寬宏的尺度去諒解你不能履行某一件事的原因。因此，拿破侖說：「我從不輕易承諾，因為承諾會變成不能自拔的錯誤。」

03 拒絕別人應把握的幾點原則

在人際交往中，我們總會遇到一些為難的事情，有人邀請你，可邀請的因由或地點對你來說卻不合適，有時人之所求對你來說實在是無能為力的。這時，就要拒絕對方。拒絕的結果往往有兩種：一是雙方不歡而散，甚至因此而生隙；二是皆大歡喜，成為深交的契機。生活中不值得交往的無賴畢竟是少數，所以，要盡量使自己既不陷於被動，又不傷害對方的自尊，這就要求我們必須學會拒絕。至少應把握這樣幾點原則：

一、誠懇、靈活

如果對方的邀請或饋贈是出於誠意，而在權衡利弊之後，你決定不接受，那你就應當誠懇地向對方解釋不能接受的理由，以免對方由於你的拒絕而抱怨或誤解。或者視對方情況採取一點靈活的方式也未嘗不可。

二、尋找恰當的藉口

有時，要拒絕對方的某一要求而又不便說明原因，也不便向對方多說什麼道理，你不妨尋找某個恰當的藉口（或稱托詞），以正當的、不至於被對方責怪的理由來迴避對方的要求，進而使對方放棄努力。因此，藉口要符合客觀實際，最起碼要能自圓其說，令人相信；表達時態度應誠懇，不能裝腔作勢，扭捏作態。

三、轉移對方的注意力

心理學研究顯示：當人的注意力專一時，如果另有一種新的刺激參與，那麼人的注意力就很容易轉移到這種新的刺激上去。

在社交中碰到對方提出自己一時難以答覆的問題或難以滿足的要求時，我們不妨用「轉移注意力」的辦法，把對方吸引到另一件你可以辦到的事情上去，既能使自己擺脫困境，又能滿足對方，使其不因你沒能解決那個難以解決的問題而怪你。

四、巧妙地表達出「不」的意思

具體可採取如下方式：

1.用沉默表示「不」。當別人問你：「你喜歡小李嗎？」你心裡並不喜歡，這時，你可以不表態，或者一笑置之，別人即會明白。

一位不大熟識的朋友邀請你參加晚會，送來請帖，你可以不予回覆。它本身表明，你不願參加這樣的活動。

2.用拖延表示「不」。一位朋友想和你聚餐。他在電話裡問你：「今天晚上八點鐘去吃飯，好嗎？」你可以回答：「改天再約吧，方便的時候我再打電話給你。」你的同事約你星期天去釣魚，你不想去，可以這樣回答：「其實我是個釣魚迷，但自從結了婚，星期天就脫不開身了。」

3.用推脫表示「不」。一位客人請求你替他換個房間，你可以說：「對不起，這得值班經理決定，但他現在不在。」

有人想找你談話，你看看錶：「對不起，我還要參加一個會，改天好嗎？」

4.用迴避表示「不」。你和朋友去看了一部拙劣的武打片，出了戲院後，朋友問：「你覺得這部片子怎麼樣？」你可以回答：「我比較喜歡抒情點的片子。」

5.用反詰表示「不」。你和別人一起談論國家大事。當對方問：「你是否認為物價增長過快？」你可以回答：「那麼你是認為增長太慢了嗎？」你的情人問：「你喜歡我嗎？」你可以回答：「你認為我喜歡你嗎？」

6.用客氣表示「不」。當別人送禮品給你，而你又不能接受的情況下，你可以客氣地回絕。一是說客氣話；二是表示受寵若驚，不敢領受；三是強調對方留著它會有更多的用途等。

7.用外交辭令說「不」。外交官們在遇到他們不想回答或不願回答的問題時，總是用一句話來搪塞：「無可奉告。」生活中，當我們暫時無法說「是與不是」時，也可用這句話。還有一些話可以用作搪塞：「天知道。」「事實會告訴你的。」「這個嘛，很難說。」等等。

當我們羞於說「不」的時候，請恰當地運用上述方法吧。但是，在處理重大事務時，來不得半點含糊，應當明確說「不」。

04 拒絕別人的實用方法和技巧

拒絕別人並非直言說「不」，而是要講求一定的技巧，語中藏「不」。下面幾種方法可供借鑒。

一、幽默輕鬆，委婉含蓄

辦事都要講求原則，不符合原則的事堅決不能辦。如果某人向你提出要求，是不符合原則的，不答應給辦，這就叫堅持原則。不能為保持一團和氣而喪失立場，不論什麼樣的關係，該拒絕的一定要拒絕。但同時要講究說話方式的靈活性，根據人際關係的類型和特點，根據語言交往的內容、場合和時間等的不同，來採取靈活的策略，這就叫辦事要有靈活性，做到原則性和靈活性的統一。講究靈活性，很重要的一點是委婉含蓄。

CHAPTER 3
如何推掉自己不想做的事

美國總統富蘭克林．羅斯福在就任總統之前，曾在海軍部擔任要職。有一次，他的一位好朋友向他打聽海軍在加勒比海一個小島上建立潛艇基地的計劃。

羅斯福神祕地向四周看了看，壓低聲音問道：「你能保密嗎？」

「當然可以。」

「那麼，」羅斯福微笑地看著他，「我也可以。」

富蘭克林．羅斯福採用的是委婉含蓄的拒絕，其語言具有輕鬆幽默的情趣，表現了羅斯福的高超藝術，在朋友面前既堅持了不能洩露的原則立場，又沒有使朋友陷入難堪，取得了極好的語言交際效果。以至於在羅斯福死後多年，這位朋友還能愉快地談及這段總統軼事。

相反的，如果羅斯福表情嚴肅、義正詞嚴地加以拒絕，甚至心懷疑慮，認真盤問對方為什麼打聽這個、有什麼目的、受誰指使，豈不是小題大做，有煞風景？其結果必然是兩人之間的友情出現裂痕甚至危機。

委婉拒絕是希望對方知難而退。例如，有人想讓莊子去做官，莊子並未直接拒絕，而是打了一個比方，說：「你看到太廟裡被當作供品的牛馬嗎？當牠尚未被宰殺時，披著華麗的布料，吃著最好的飼料，的確風光。但一到了太廟，被宰殺成為牲品，再想自由自在地生活著，可能嗎？」莊子雖沒有正面回答，但一個很貼切的比喻已經回答了，讓他去做官是不可能的，這種方法就是委婉的拒絕法。

二、獻可替否，轉移重心

「獻可替否」是一個成語，意思是建議可行的而替代不該做的。當對別人所託之事自己不能幫忙時，應在講明道理之後，幫助想一些別的辦法作為替補。因為一般的人都有一種補償心理，如果你想的辦法不很理想，但你已經盡力了，對方的情感便得到了滿足，這在一定程度上減少了失望感；如果你的辦法幫助別人圓滿解決了問題，別人也會很滿意。

小王和小李是一對好朋友。有一天，小王來到小李的單位請求小李幫他一件事，為他的未婚妻報仇。原來，小王的未婚妻被公司主任欺負了，小王發誓要為未婚妻報仇，並買了一把鋒利的彈簧刀，要懲罰那小子，但考慮到主任人高馬大，自己對付不了他，於是請小李幫忙。

小李聽後，心中很明白，儘管那主任不是好東西，應該教訓教訓他，但如果感情用事，放倒了他，那是會觸犯法律的。因此，小李決定說服小王，他問小王：「你愛你的未婚妻嗎？」

「愛，當然愛，不然我就不理這件事了。」小王回答說。

「這就好，愛一個人不容易，真正愛上一個人，不管她遇上多麼大的不幸，都是不會動搖愛的決心的；相反，還要幫助她從不幸之中解脫出來。如果你感情用事，並不是愛她，而是在害她。她不會為此而感謝你，相反會恨你。壞人總是會受到懲處的，這要靠法律。那個主任的行為是犯法的。這樣吧，我幫你和你的未婚妻運用法律的手段來懲處那個人吧，我相信，法律會給你們一個滿意答覆的。」

小王聽了小李的一番話，打消了復仇的念頭，並最終運用法律懲處了那位主任。

這個例子中，小李聽了小王的請求，並沒有感情用事，而是先講了一番道理，並把話題的重心由復仇轉移到運用法律手段來解決，小王從道理中明白了自己的糊塗用事，從重心的轉移中得到了問題的圓滿解決。小李也由此拒絕了小王復仇的請求，這就是「獻可替否」的妙用。假設小李不這樣做，而是滿口答應幫助小王去復仇，那肯定要發生悲劇，到頭來吃虧的是自己。

三、敷衍式的拒絕，含糊迴避

敷衍式的拒絕是最常見最常用的一種拒絕方法，敷衍是在不便明言回絕的情況下，含糊迴避請託人。

敷衍是一種藝術，運用好了會取得良好的效果。

例如，有一次莊子向監河侯借貸，監河侯敷衍他，說道：「好！再過一段時間，等我去收租，收齊了，就借你三百兩金子。」監河侯的敷衍很有意思，不說不借，也不說馬上借，而是說過一段時間收租後再借。

這話有幾層意思：一是我目前沒有，現在不能借給你；二是我也不是富人；三是過一段時間不是確指，到時借不借再說。莊子聽後已經很明白了，但他不會怨恨什麼，因為監河侯並沒有說不借給，只是過一段時間再說而已，還是有希望的。

CHAPTER 3
如何推掉自己不想做的事

敷衍式的拒絕具體可分為以下幾種：

一、推托其辭

在不便明言相拒的時候，推托其辭是一種比較策略的辦法。人處在一個大的社會背景中，互相制約的因素很多，為什麼不選擇一個盾牌擋一擋呢？比如，有人託你辦事，假如你是領導成員之一，你可以說：「我們單位需要大家討論，才能決定；不過，這件事恐怕很難通過，你最好還是別抱什麼希望。如果你實在要堅持的話，待大家討論後再說，我個人說了不算數。」——這就是推托其辭，把矛盾引向了另外的地方，意思是：「我不是不幫你辦，而是我做不了主。」對方聽到這樣的話，一般都要打退堂鼓，會說：「那好吧，既然是這樣，我也不為難你了，以後再說吧！」

二、答非所問

答非所問是裝糊塗，給請託者以暗示。

如：「這件事您能不能幫忙？」

「我明天必須去參加會議」。

答非所問，婉拒了對方，對方會從你的話語中感受到，他的請託得不到你的幫助，只好採取別的辦法。

三、含糊拒絕法

如：「今晚我請客，請務必光臨。」

「今天恐怕不行，下次一定來。」

下次是什麼時候，並沒有說定，實際上給對方的是一個含糊不定概念。對方若是聰明人，一定會聽出其中的意思，而不會強人所難了。

四、做出與問話意思錯位的回答

錯答也是一種機警的口語表達技巧。既可用於嚴肅的口語交際場合，也可以用於風趣的日常口語交際場合。它的主要特點是不正面回答問話，也不反唇相譏，而是用話岔開所問，作出與問話意思錯位的回答。

比如，一個美麗的女子獨自坐在酒吧裡，看來她一定出身豪門。一位年輕男子走過來獻殷勤：「這裡有人坐嗎？」他低聲問。

「到阿芙達旅館去？」她大聲說。

「不，不，妳弄錯了。我只是問這裡有其他人坐嗎？」

「你說今夜就去？」她尖聲叫，比剛才更激動。

這位年輕男子被她弄得狼狽極了，紅著臉到另一張桌子上去。許多顧客憤慨而輕蔑地看著這位年輕男子。

這就是很典型的錯答，是用來排斥對方和躲閃真實意思的交際手段。運用錯答的語言技巧，一是要注意對象和場合；二是使對方明白既是回答又不是回答，潛在語是不歡迎對方的問話；三是有時要利用問話的含混意思，答話雖模稜兩可，似是而非，但對方也無法責怪。

05 借助小道具更輕鬆拒絕別人

中國古代思想家荀子曾說過：「君子性非異也，善便於物也。」人與動物的一個顯著區別就是，人能夠製造和使用工具；而人中的君子，即賢能的人，更能夠靈活地運用各種工具，為達到自己的目的服務。在社會交往中，借助一些小的道具，常常為你拒絕對方，起到很大的幫助作用。

所謂道具，一般指用於戲劇中人物化妝、舞台佈置等的器物，這裡泛指我們在社會交往中，所採用的輔助我們交談的一些東西，諸如挎包、香菸、手帕、茶水，以及錢包、書籍、扇子等等。

採用道具進行交流，實際上是態勢語言的一種延伸，如你的穿著打扮，就是你的形體語言的一部分，你手中所拿的東西，也是你的手臂的一種延伸。「借用道具」也就是說，我們在拒絕別人時，可以採用這些道具，以達到更好地說「不」的目的。

利用道具拒絕別人的例子很多。例如，明朝的時候，有一個叫周新的人，官至按察使（負責司法的官），權力很大，他上任後不久，就有不少人送禮給他，他都一概拒絕了。

一天，又有一個人來看望他，還帶來了一隻黃澄澄、肥嫩嫩的烤鵝。來人一邊說：「請大人嘗個鮮，不成敬意。」一邊拔腿就走了。

對此事，周新確實很煩惱。怎麼辦呢？不收吧，東西已經留下了；收吧，有今天的一次，以後就會有十次、百次，那就無法收拾了。

忽然，他靈機一動，想出了一個辦法。他叫來手下人，吩咐他把烤鵝掛在屋子後面。一天，兩天，那隻鮮嫩的烤鵝變得又乾又硬，還沾滿了灰塵。

以後，再有人來送禮，周新就領他去看那隻掛著的烤鵝，那些人看到送禮只會落得如此的結局，也就不再送了。不久，果然斷絕了送禮人。

周新所採用的拒絕送禮人的辦法就是「借用道具」法。一隻普通的烤鵝，被他掛在屋後，就成了他拒絕送禮人的道具，利用它把送禮人的念頭打消了。

以上，我們看了一些借用道具拒絕別人的例子，已經對「道具法」有了初步的瞭解，那麼，在一般的日常社會交往中，究竟如何使用道具拒絕他人才能取得較好的效果呢？下面是一些比較實用的建議：

一、要拒絕別人時，自己要坐在有利的位置

在與人交談中，坐的位置非常重要，尤其是舉行盛大的宴會或會議、談判時，座次的安排都非常講究，什麼人坐什麼位置，都有一定的要求。至於一般交際來說，雖然不像正式場合那樣嚴格，但也不是毫無講究的。

比如，你要拒絕別人時，你坐的位置就很關鍵。我們在電影或電視上，經常看到審訊犯人的場面。這時，都是犯人坐在屋子的中間，而且往往還有一束強烈的燈光照著地。這是因為，背後的光，能發揮如同影子的心理效果，使自己顯得比較強大；而對著光源的人，在強光的照射下，往往會覺得自己非常渺小。

另外，人們對靠近牆邊或角落之類更牢固的東西，會有一種安全感，離開越遠越增加不安。就像從不動的大地駛向大海的船上乘客一樣，離開海岸越遠不安心理也就越重。

因此，在與對方交談，尤其是想要拒絕對方時，本人就應該事先選擇如背光和靠牆等優勢位置；而把對方置於向光和屋子中央等不利位置。這樣，首先你在心理上就已經戰勝了對方，要想讓對方接受自己的拒絕，相對來說就很容易了。

二、要拒絕別人，應選擇適當的時間

一般認為，每天傍晚的四點至六點這段時間，是拒絕他人的最好時間。因為這段時間，是人體生物鐘的最低點。一天的緊張工作，使人在心理和肉體上都達到了疲勞的頂峰，容易焦躁不安、思考力減弱，同時也更容易接受別人的暗示。因此，要拒絕別人最好選擇在他各方面都比較疲勞的傍晚，而最不宜選擇在上午。因為這時人們休息了整整一夜，人體各方面都處在最佳狀態，要想拒絕別人就很容易。

同時也要注意，由於傍晚，大多數人都處在疲勞期，自己也不例外。要想拒絕別人，就要有意識地克服這種狀態，多休息，努力調動自己的情緒，使自己在生理上和心理上都壓過對方，讓對方自覺接受自己的拒絕。

三、用小物件侵佔別人「地盤」，使你容易說「不」

每個人在心理上，都有一個心理的「地盤」感，如果你把手中的東西推向對方，就會使對方有一種壓抑感。比如，你在與對方圍著一張桌子交談時，有意識地把手中的小物件，如菸灰缸、打火機之類向對方輕輕推過去，到一定的位置，你就會發現對方會不經意地把身體向後移一下。這就說明你已經侵佔了對方的「地盤」，使他感覺到有一定壓力。

如果你不斷地把這些東西向對方推去，他感到的壓力也就越大，進而心理上也就容易產生動搖。此時我們再向他提出拒絕，也就容易得多了。

同時，利用一些小物件，也可以使我們達到間接拒絕別人的目的。比如，我們在與人交談時不時地看錶，或拿起一張報紙來看，要麼就是不停地擺弄自己手中的東西，都是向別人表達自己想拒絕別人的暗示。

06 巧用身體語言強化拒絕別人的效果

人的態勢語言是非常複雜多樣的，我們要在不同的場合，針對不同的人，採取不同的方式，與有聲語言緊密配合，以便更有效地達到拒絕別人的目的。中國古代著名的「完璧歸趙」的故事，就是利用態勢語言拒絕別人的很好例子：

趙國大夫藺相如受趙王的重託，懷揣和氏璧，去和兇惡如虎狼的秦王談判。秦王嘴上說用十五座城市來換取和氏璧，但和氏璧一到他手中，便傳與大臣及宮女們觀看，而隻字不提以城換璧之事。

藺相如早知秦王以城換璧是假，巧取豪奪是真。於是，謊稱其璧中有瑕。秦王果然中計，把璧交給藺相如指給他看。璧到了藺相如手裡後，藺相如怒髮衝冠，痛斥秦王無信，並做出要把璧撞碎在柱子上的樣子，逼得秦王只得以禮相待。然後，藺相如用智謀，拖延時間，終於找機會讓人把和氏璧完整無缺地送回趙國。

藺相如正是用他犀利的言辭，和威武不屈的態度（身體語言），震懾了秦王，徹底粉碎了秦王空手奪璧的野心。

我們在利用態勢語言拒絕別人時，一定要注意以下幾點，否則不僅不能拒絕別人，還會給人表裡不一的感覺。

一、要拒絕別人時，不要與對方對上眼睛

這是因為，提出要求的一方在與你交談時，一定是熱情地看著你的眼睛，以求借此透過眼睛把自己的要求送入你的心中。這時，你將因注視對方的眼睛，而把自己暴露在可能接受對方談話內容的危險之中。

要說「不」時，一定要避免與對方眼睛直接相對。一般認為，在交談中，最難對付的人，就是說話時不看對方眼睛的人。對於這樣的人，你從頭到尾都覺得好像做了什麼對不起他的事。因此，這樣的交談也就不可能長久。

所以在拒絕對方時，採用這種方式是非常有效的。

二、想拒絕別人時，不要碰對方遞過來的東西

在電影中，我們經常會看到這樣的情景，一個女人跟一個男人吵架，涕淚俱下。這時，男方經常是拿出一塊手帕，遞給女方。此刻，如果女方接受了手帕，我們就會想到，他們之間不過小吵小鬧，不會有什麼大事，很快就又會重歸於好的。相反，如果女方連手帕都不接，我們心裡就會說：哎呀，八成他們倆要分手。可見，一塊小小的手帕竟有這麼大作用。所以，我們在想拒絕別人時，一定不能去摸對方遞過來的任何東西，如香菸、茶水、手帕等等，不要給別人錯誤的暗示。

三、要說「不」時，最好處在對方無法觸及的位置

心理學家認為，人們所保持的空間距離，實際上就是人們心理上的距離。一般來說，朋友和家人之間在交談中，彼此距離都比較近，而陌生人或敵對者雙方之間的距離要稍大一些。因此，在想要拒絕別人時，一定不能離對方太近，以免給對方說服自己的機會。

同時，離對方稍遠一些，也避免被對方觸摸到。實驗顯示，當我們的身體被對方所觸摸時，就會不知不覺地立即和對方產生共同的感受。我們經常會看到，某人本想拒絕對方，但被對方輕輕地拍了幾下肩，然後又一陣勸說，就輕而易舉地把他的拒絕化解了。所以，要想拒絕別人，最好不讓對方觸摸到你。

07 不想答應就不必勉強自己

答應幫別人辦事，首先看自己能不能辦到，這是人人都明白的道理。但就有那麼一些人不自量力，對別人請求幫助的事情一概承擔下來，事情辦好了什麼事也沒有，如果辦不好或只說不做，那就是不守信用，朋友就會埋怨你。

一個有點權力而又很有限的人更應該注意，因為你有權，別人包括親戚朋友託你辦事的人肯定多。這時你應該講點策略，不能輕易答應別人。

有的朋友託你辦的事可能不符合政策，這樣的事最好不要許諾，而是當面跟朋友解釋清楚，不要給朋友留下什麼念頭，不然，朋友會認為你不幫他；有的朋友找你辦的事可能不違反政策，但確有難度，就跟朋友說明，這事難度很大，我只能試試，辦成辦不成很難說，你也不要抱太大希望。這樣做是給自己留有餘地，萬一辦不成，也會有個交代。

當然，對於那些舉手之勞的事情，還是答應朋友去辦，但答應了後，無論如何也要去辦好，不可今天答應了，明天就忘了，待朋友找你時，你會很不好看。

我們在這裡強調不要輕率地對朋友做出許諾，並不是一概不許諾，而是要三思而後行。盡量不說「這件事沒問題，包在我身上了」之類的話，給自己留一點餘地。順口的承諾，只是一條會勒緊自己脖子的繩索。

對待朋友的要求，要注意分析，不能一概滿足。因為不分青紅皂白一概滿足，有可能惹火燒身。因此，必須搞清楚朋友的要求是正當的，還是不正當的，是不是符合原則或規範。千萬不能礙於情面，有求必應，有求必辦。

對待朋友的要求，是否要拒絕，如何拒絕呢？下面幾點可供你借鑑：

CHAPTER 3

如何推掉自己不想做的事

一、問清目的

朋友要求你幫助或希望與你合作完成某事時，你必須首先問清楚是什麼事、動機是什麼，目的何在？如果是正當的，在你力所能及的範圍內可盡量提供幫助，以盡朋友之誼。假如朋友的要求，你認為超越了正常範圍，就應毫不猶豫的拒絕他。

二、態度堅決

無論對方的要求多麼強烈，只要你認為不能接受，便要態度明確、堅決地予以拒絕，不能留有餘地。「實在抱歉，我無能為力」，「對不起，我沒有辦法答應。」也不要給他出主意，否則你仍難脫關係，說不定他還會來找你，要你想辦法。

三、接受指責

遭到了你的拒絕，使對方的要求不能達到，他必然會對你加以指責。對此，你可以表示接受。這裡，需要注意的是，千萬不能中了對方的激將法。比如他說：「我就知道你可能做不到，看來果然如此。」對此，你不妨報之一笑，承認自己能力有限，「做不到」他要求的事。

四、消除愧疚

拒絕朋友的要求，朋友可能會愁眉苦臉，唉聲歎氣。這時候，你沒必要自責，沒必要感覺愧疚。既然拒絕，你自然有拒絕的理由。最好的做法是，用你的理由來消除內心的愧疚，達到心理的平衡。

五、電話拒絕

有時候礙於面子，當面不好意思拒絕朋友。這種情況下，你可以讓朋友先回去，告訴朋友等你考慮後再給他答覆。然後，打個電話把你的意見告訴他。這樣，雙方不見面可以避免不好啟齒或避免造成尷尬。

08 根據不同情況採取不同的方法許願

有時，出於難為情，對於別人提出的請求無法一口回絕。那麼，當我們在朋友面前，我們被迫得「非答應不可」，而實際上明知這事不該答應時又怎麼辦？

在這種情況下，不妨「圓滑」地許些願。只是要注意掌握分寸，應根據不同的具體情況採取不同的許願方式和方法。這裡有三種方法可資借鑒：

一、留有餘地

對把握性不大的事可採取彈性的許願；如果你對情況把握不很大，就應把話說得靈活一點，使之有伸縮的餘地。例如，使用「盡力而為」、「盡最大努力」、「盡可能」等有較大靈活性的字眼。這種許願能給自己留下一定的轉圜餘地，但一般會給對方留下疑慮，取得對方的信任的效果要差一些。

二、從時間上推托

對時間跨度較大的事情，可採取延緩性的許願。有些事情，當時的情況認準了，可是由於時間長了，情況會發生變化。這時，你在許願中可採用延緩時間的辦法，即把實現許願結果的時間說長一點，給自己留下為實現許願創造條件的餘地。

比如，有人要求老闆給自己加薪，老闆就可以這樣說：「要是年終結算，廠裡經濟效益好，我可以給你晉陞一級薪資。」用「年終結算」一語表示實現許願時間的延緩，顯得既留有餘地，又入情入理。

三、提出必要的條件

對不是自己所能獨立解決的問題，應採取隱含前提條件的許願。這即是說，如果你所作的承諾，不能自己單獨完成，還要謀求別人的幫助，那麼你在許願中可帶一定的限制詞語。

比如，你許諾幫助朋友辦理家屬定居的問題，這涉及安全部門和國家有關政策，你不妨這樣說更恰當一點：「如果你的條件符合有關政策，我一定幫忙。」這裡就用「符合有關政策」對你許願的內容作了必要的限制，既見自己的誠意，又話語靈活，具有分寸，還向對方暗示了自己的難處（也要求人）。

為人處世，應當講究言而有信，行而有果。因此，許願不可隨意為之，信口開河。明智者事先會充分地估計客觀條件，盡可能不做那些沒有把握的許願。須知，許了的願，就應努力做到。千萬不可因一時事急，亂開「空頭支票」，愚弄對方。一旦自食其言，對方一定會特別惱火。萬一因情況有變而沒實現自己的許願，也應向對方如實說明原因，並誠懇地道歉，以求得對方的原諒和理解。

對於自己根本沒有能力辦到或不想辦的事情，最好及時地回絕。拒絕並不是簡單地說一句：「那不行」，而是要講究藝術：既拒絕了對方的不適當要求，又不致傷害對方的自尊，也不損害彼此的關係。

09 不可語氣生硬的拒絕同事

身處職場的我們，常常要面對同事的請求，如果是力所能及或者說應該幫的事情，那還好辦；如果是一件難度很高的事情就有點不知如何是好了。答應下來吧，可能要連續加幾個晚上的班才能完成，而且也不符合公司的規定；拒絕吧，面子上又實在抹不開，畢竟大家都是同事。應該怎麼找一個既不會得罪同事、又能把這項工作順利推出去的理由呢？

快下班的時候小陳接到了阿偉的電話，他心急火燎地請求小陳再幫他一下，寫個新方案給客戶。他說，客戶已經催了他好幾次了，而他實在沒時間。最近因為和女朋友談戀愛的關係，阿偉常常這樣請小陳幫忙做方案。阿偉是小陳在公司裡關係比較好的同事之一，以前他們在下班時間常常一起去打球、遊玩，小陳很喜歡阿偉的瀟脫和率真。所以一個月前當阿偉一臉興奮地談到他和一個女孩子交往的時候，小陳毫不猶豫就答應了幫他做點事，給阿偉更多的時間去陪女朋友。可是一個月下來，小陳發現自己越來越不快樂，他發現自己已經厭倦了總是替阿偉做事。可是怎麼拒絕阿偉呢？他覺得很難說出口，作為好朋友是該相互幫助的，拒絕會不會讓他失去這個朋友呢？小陳想了很多……

面對小陳這樣的情況，也許會有人會直接對同事說「不」，口氣非常生硬，這絕對不是最佳的選擇，可能會讓你和同事以後連朋友都沒得做。也許有人會推托說：「我能力不夠，其實小A更適合。」那你有沒有想過當同事把你的這番話說給小A聽時，他會做何反應？

看來，這些都不是拒絕同事的好方法，那麼我們該如何做呢？

一、在說「不」之前，認真地聽取別人的訴求

在你決定拒絕之前，首先要注意傾聽他的訴求，比較好的辦法是，請對方把處境與需要講得更清楚一些，自己才知道如何幫他。「傾聽」能讓對方先有被尊重的感覺，在你婉轉地表明自己拒絕的立場時，也比較能避免傷害他的感覺，或避免讓人覺得你在應付。

二、溫和堅定地說「不」

如果你無法幫助別人，就應該溫和堅定地說「不」，語氣要誠懇，並說明你的苦衷，告訴他為什麼無法幫助他。當你仔細傾聽了同事的要求，並認為自己應該拒絕的時候，說「不」的態度必須是溫和而堅定的。好比同樣是藥丸，外面裹上糖衣的藥，就比較讓人容易入口。

同樣地，溫和地表達拒絕，也比直接說「不」讓人容易接受。拒絕後，對方肯定想知道你的理由，你就應該坦誠地告訴他你的理由，如果一句話也不說勢必會引起誤會，對方也許會懷疑你根本就不想幫助他，而不是你沒有能力。

三、事後關心

不要以為拒絕了就完事了，而應該在事後給予對方一些關心。拒絕後你可以給對方一些建議，隔一段時間還要主動關心對方的情況。有時候拒絕是一個漫長的過程，對方會不定時提出同樣的要求。若能化被動為主動地關懷對方，並讓對方瞭解自己的苦衷與立場，可以減少拒絕的尷尬與影響。

拒絕本來就是一件傷害別人的事情，你就更應該適時地給予對方一些關心，這能夠起到安慰對方的作用，而不是讓對方陷入孤立無援的境地。

10 上司委託的某些事也不能輕易答應

上司委託你做某事時，你要善加考慮，這件事自己是否能勝任？是否不違背自己的良心？然後再作決定。

如果只是為了一時的情面，即使是無法做到的事也接受下來，這種人的心似乎太軟。縱使是很照顧自己的上司，委託你辦事，但自覺實在是做不到，你就應很明確地表明態度，說：「對不起！我無法接受。」這才是真正有勇氣的人。否則，你就會誤大事。

如果你認為這是上司拜託你的事不便拒絕，或因拒絕了上司會不悅，而接受下來，那麼，此後你的處境就會很艱難。這種因畏懼上司報復而勉強答應，答應後又感到懊悔時，就太遲了。

CHAPTER 3 如何推掉自己不想做的事

上司所說的話有違道理，你可以斷然地駁斥，這才是保護自己之道。假使上司欲強迫你接受無理的難題，這種人便不可靠，你更不能接受。

儘管部下是隸屬於上司，但部下也有他獨立的人格，不能什麼事都不分善惡是非都服從。部下並不是奴隸。倘若你的上司以往曾幫過你很多忙，而今他要委託你做無理或不恰當的事，你更應該毅然地拒絕，這對上司來說是好的，對自己也是負責的。

此外，限於能力，無論如何努力都做不到的事，也應拒絕。但是這有一個前提，即是否真的做不到，應該確實地衡量一下，切不可因懷有恐懼心而不敢接受。經過多方考慮，提出各種方案後，是否再加上勇氣來突破它？都需要考慮清楚。考慮後，認定實在無法做到，始可拒絕。

當然，拒絕更要講究方法，採用什麼辦法才能讓上司接受，這裡面也是很有學問的。

一、觸類相喻，委婉說「不」

當上司提出一件讓你難以做到的事時，如果你直言答覆做不到時，可能會讓上司損失顏面，這時，你不妨說出一件與此類似的事情，讓上司自覺問題的難度，而自動放棄這個要求。

甘羅的爺爺是秦朝的宰相。有一天，甘羅看見爺爺在後花園走來走去，不停地唉聲歎氣。

「爺爺，您碰到什麼難事了？」甘羅問。

「唉，孩子呀，大王不知聽了誰的調唆，硬要吃公雞下的蛋，命令滿朝文武想法去找，要是三天內找不到，大家都得受罰。」

「秦王太不講理了。」甘羅氣呼呼地說。他眼睛一眨，想了個主意，說「不過，爺爺您別急，我有辦法，明天我替你上朝好了。」

第二天早上，甘羅真的替爺爺上朝了。他不慌不忙地走進宮殿，向秦王施禮。

秦王很不高興，說：「小娃娃到這裡搗什麼亂！你爺爺呢？」

甘羅說：「大王，我爺爺今天來不了啦。他正在家生孩子呢，託我替他來上朝。」

秦王聽了哈哈大笑：「你這孩子，怎麼胡言亂語！男人家哪能生孩子？」

甘羅說：「既然大王知道男人不能生孩子，那公雞怎麼能下蛋呢？」

甘羅的爺爺作為秦朝的宰相，遇到了皇帝的不可能做到的要求，卻又找不到合適的辦法拒絕。甘羅作為一個孩童，能如此得體地拒絕秦王，並讓秦王不得不放棄自己的無理請求，實在是大出人們的預料。也正因為如此，秦王才有「孺子之智，大於其身」的歎服。之後，秦王又封甘羅為上卿。現在我們俗傳甘羅十二歲為丞相，童年便取高位，不能不說正是甘羅的那次智慧的拒絕，才使秦王越來越看重他的。

二、佯裝盡力，不了了之

當上司提出某種要求而屬下又無法滿足時，設法造成屬下已盡全力的錯覺，讓上司自動放棄其要求，也是一種好方法。

比如，當上司提出不能滿足的要求後，就可採取下列步驟先答覆：「您的意見我懂了，請放心，我保證全力以赴去做。」

過幾天，再匯報：「這幾天因急事出差，等下星期回來，我再立即報告他。」

又過幾天，再告訴上司：「您的要求我已轉告了，他答應在公司會議上認真地討論。」儘管事情最後不了了之，但你也會給上司留下好感，因為你已造成「盡力而做」的假象，上司也就不會再怪罪你了。

通常情況下，人們對自己提出的要求，總是念念不忘。但如果長時間得不到回應，就會認為對方不重視自己的問題，反感、不滿由此而生。相反，即使不能滿足上司的要求，只要能做出些樣子，對方就不會抱怨，甚至會對你心存感激，主動撤回已讓你為難的要求。

三、利用集團掩飾自己說「不」

例如，你被上司要求做某一件事時，其實很想拒絕，可是又說不出口來，這時候，你不妨拜託其他二位同事，和你一起到上司那裡去，這並非所謂的三人戰術，而是依靠集團替你作掩護來說「不」。

首先，商量好誰是贊成的那一方，誰是反對的那一方，然後在上司面前爭論。等到爭論過一會兒後，你再出面輕輕地說：「原來如此，那可能太牽強了」，而靠向反對的那一方。

這樣一來，你可以不必直接向上司說「不」，就能表明自己的態度。這種方法會給人「你們是經過激烈討論後，絞盡腦汁才下結論」的印象，而包含上司在內的全體人士，都不會有哪一方受到傷害的感覺，進而上司會很自然地自動放棄對你的命令。

11 不給對方反駁我們拒絕的機會

拒絕別人並不是很難的事，只要你能夠善於觀察對方心理，並能靈活運用各種拒絕方法，就能順利地拒絕別人，而且還不會損及彼此的感情。

但並不是說，把「不」的意思表達出來，拒絕別人的工作就完成了。其實，完成了這一步，拒絕別人的工作只完成了一半，更重要的還是看你如何能夠鞏固這種拒絕的成果，進而達到徹底地拒絕對方的目的。

因此這就需要我們預防別人對我們的拒絕進行反駁，即不給對方反駁我們的拒絕的機會，使我們的拒絕貫徹到底，而不是半途而廢。

一、要有堅定的信念，善於瞭解對方

要想預防別人對我們的拒絕進行反駁，首先就要求拒絕者自己要有堅定的信念，無論對方如何反駁，自己也絕不動搖。

預防反駁，存在於拒絕對方的全過程，包括拒絕前、拒絕中和拒絕後三個階段，這三個階段是緊密聯繫的，任何一個環節出現差錯，都會給對方以可乘之機，影響拒絕的效果。

首先，拒絕前要充分地瞭解對方，制定適當可行的策略。

在社會交往中，能夠取得成功的前提，就是要善於瞭解對方，善於「察言觀色」，做到心中有數。所謂「察言觀色」，也就是說要仔細觀察對方的言談、舉止、神情等，由此洞察出他的心理活動來。心有所思，口有所言，透過語言這個窗口，可以窺測人的內心世界；人的舉止、神情等，往往是思想意識的自然流露，透過它們有時甚至可以捕捉到比語言更真實微妙的思想。

例如，從言談來觀察對方的性格特徵和內心活動，就會發現這樣的規律：偏激的言辭，大抵是對方受某種觀點蒙蔽，一時難以轉彎；而用誇大失真之詞來維護自己的主張，則表示他受這種思想的強烈支配；說話不集中，東一鎯頭，西一棒子，顯然是表明此人沒有一個堅定的主張；說謊的人，總是言語轉移不定，含糊其辭；心虛的人，開口一定不能理直氣壯。至於舉止神情，一般的我們都很清楚，如憤怒時，橫眉立目；緊張時，雙手揉搓；思索時，用指頭輕敲桌面；不安時，眼珠左右躲閃等等。

另外，我們還應該特別注意每個人的習慣動作所表示的特殊含義，這樣對我們準確掌握一個人的思想活動很有好處。而且，每一種語言或舉止神情所表達的意思也並不是固定不變的，在不同場合都要具體分析，這就需要我們在社交實踐中認真把握，逐步累積經驗。

對你所要拒絕的對手，有了一個比較準確的認識，就為你成功地拒絕提供了良好的前提。你便可以根據你所掌握的對方情況，採取不同的手段，實施自己的拒絕行為。

二、在拒絕中，要保證語言的嚴密邏輯性和拒絕理由的充分性

大凡你在拒絕別人的時候，對方無論如何也要找出一些理由來反駁你，很少能輕易地便接受你的拒絕。因此我們在拒絕別人的時候就應該時刻警惕，注意自己語言的邏輯性，隨時避免給對方提供反駁自己的機會。

比如一些善於口才的人，就經常使用一種讓對方多說「是」的「勸誘法」，慢慢誘導對方，逐漸使對方同意自己的觀點，使其就範。其方法就是：在與人論辯時，開始時並不討論分歧的觀點，而是提出一系列無關緊要的問題，誘導對方連連說「是」，同時著重強調彼此共同的觀點，取得完全一致後，自然而然地轉向自己的主張。這種方法，是交際老手們常用的方法，他們往往使你在不知不覺中就放棄了自己的拒絕，而轉為與他的觀點趨同。因此，在拒絕別人時，對別人的提問盡量避免說出「是」來。

同時，我們還應該努力運用嚴密的邏輯方式，對他人的反駁再次提出反駁，進而鞏固自己的拒絕成果。進攻是一種積極的防禦，與其時刻警惕，小心謹慎地預防別人的反駁，還不如主動出擊，把對方的反駁打下去。

再有就是要有充足的理由，作為自己拒絕對方的根據，使對方真正做到心服口服，進而自覺放棄對自己的反駁。只要你的理由真實，語言誠懇，對方一般都不會再對你的拒絕進行反駁。

比如，有一位記者，去採訪一位知名學者。由於是突然採訪，這位學者對採訪問題沒有任何準備，而且恰巧此時電視裡正在轉播一場精彩的足球賽。於是，他便對記者抱歉地說：「我是個老球迷，現在和你談話會心不在焉的；另外，由於你事前也沒有打個招呼，我對你提出的問題沒有充分準備，即使現在跟你談，也只能說些皮毛的東西，對你也是不尊重。所以我建議你下次再來，利用充分的時間，咱們認真踏實地談一談，你看怎樣？」記者雖然沒有完成他所希望的採訪，但聽了學者一番誠摯的話語，他還是心滿意足地回去了。

三、拒絕對方之後，適當撫慰

在拒絕對方之後，最好再說上幾句補救的話，以緩和對方因遭拒絕而產生的反抗情緒，使他取消繼續反駁的企圖。無論是基於什麼原因，自己的要求被別人所拒絕，都不是令人很愉快的事，因此總想找些理由來反駁你的拒絕。如果你在拒絕對方時，考慮到這點，就應該在拒絕之後對他說些補救的話，使對方在心理上得到平衡，本來想反駁你的，現在也不好意思了。

比如，一位朋友請你去看電影，而你正好有許多事要做，你便可以這樣對他說：「真是對不起，我今天確實很忙，實在不能陪你。你看改天如何？」這裡的「你看改天如何？」就是對前面拒絕的一種補救。如果你單單地對別人的請求無情地說「不」，恐怕對方很難接受，但你在拒絕之後加上諸如「改天如何」、「看看是否有別的方法」等等的補救話語，那麼對方心理上也就容易接受些了；再有你還可在別人已基本上接受了你的拒絕時，再加上如「你真是太通情達理了」，「你真是太善解人意了」之類的話，相信對方剛剛還充滿不快的臉上，馬上就會浮現出一絲笑意來。

話

說到點子上

言不順，則事不成

你應該掌握的辯駁技巧

CHAPTER 4

中國古人是非常注重口辯能力的，並以此為契機，著書立説，成就功名，足見其重大意義。《戰國策》中寫道：「三寸之舌，強於百萬雄兵；一人之辯，重於九鼎之寶」。孟子説：「我豈好辯哉，不得已也。」在日常生活中的很多時候，我們只有練就了一副伶牙俐齒，善於辯駁，才能擺脱被動，佔據主動，避免吃虧。一位西方的哲人指出：辯論不僅僅只是一種口技，而是整個人類理解生活、改變生活的開端。

01 用新的問題，岔開對自己不利的話題

在社交活動中，不論是怎樣的初次會面，大都會因為工作關係而受到時間限制，一旦談話離開了本題，則對於該辦的事就會置之不顧了。性急的人，每當對方離開話題時會很急躁，並努力想辦法講談話拉入本題。但是，如果想瞭解對方的內心，引出對自己更有利的結論的話，這種做法可不太聰明。

當有些善於辯駁的人，覺察到自己無理或處於不利地位時，總是想方設法從對方的話語中引申出一個新的問題，把話題岔開，把爭論的矛頭引向對己有利的方向，使對方變為被動，這就是節外生枝論辯術。莊子與惠子曾在濠水橋上展開一場論辯，也就是傳之千古的「濠水之辯」。

CHAPTER 4

你應該掌握的辯駁技巧

有一天，莊子與惠子信步來到濠水的橋梁之上。莊子俯觀著水中的游魚，頗有感觸地說：「這些魚自由自在、從從容容地游來游去，這就是魚的快樂啊！」

惠子很不以為然地說：「你又不是魚，怎麼知道魚的快樂呢？」

莊子立即反駁惠子：「你又不是我，你又怎麼知道我不知道魚的快樂呢？」

惠子說：「我不是你，當然不知道你；但是你也不是魚，所以你也不知道魚的快樂，道理全在這裡面了。」

莊子一時難以駁倒惠子，便狡辯道：「還是回到當初的問題上來吧。你說『安知魚之樂』，就是說在什麼地方知道魚的快樂，你明知道我是在濠水橋梁上知道的，卻又故意來問我，那麼我明白告訴你吧：我是在濠水橋梁上知道的！」

莊子無法駁倒對方，便在「安」字上做文章。「安」可以表示為「怎麼」的意思，也可以表示為「什麼地方」的意思。他們當初是在前一種意義下展開論辯的，莊子一時難於取勝，便節外生枝，把它改變成後一種意義，並以此指責對方明知故問。

節外生枝論辯術的特點是橫生枝節，故意製造一些與論題無關的問題。這種論辯術的要訣就是違反同一律，思維沒有保持同一，論題也沒有保持同一。一個關於基辛格的故事可以告訴我們節外生枝論辯術在現實生活中是多麼好用——

一九七二年，基辛格隨尼克松總統動身前往莫斯科，途中經過維也納，就即將舉行的美蘇首腦會談問題，舉行了一次記者招待會。

《紐約時報》記者馬克斯．弗蘭克爾提出了一個所謂「程序問題」。他問：「到時，你是點點滴滴地宣佈呢？還是來個傾盆大雨，成批地發表協定呢？」

基辛格回答說：「我明白了，你看馬克斯跟他的報紙一樣是多麼公正啊！他要我在傾盆大雨和點點滴滴之間任選一個。所以，無論我們怎麼辦，總是壞透了。」他略停了一下說：「我們打算點點滴滴地發表成批聲明。」全堂頓時哄然大笑。

基辛格善於節外生枝，這樣既迴避了問題，又風趣、幽默。

再請看這麼一段爭執——

甲：「我認為你這樣不遵守交通規則是錯誤的，應當改正。」

乙：「不遵守也沒什麼了不起。」

甲：「人人都不遵守，馬路上就要亂了套啊。」

乙自知理屈詞窮，但卻狡辯說：「我爭不過你，那你說說什麼是交通？」

乙不是主動承認自己錯了，而是從對方的話語中引申出「什麼是交通」這一個新的問題。這個問題一般的人一下子還真是難以說清楚，這樣，本來沒理的一方往往反而佔據了主動地位。

節外生枝是岔開話題最常用的一種方式，可以避免他人的鋒芒，讓雙方都可以及時地從困境中解脫出來，所以，說巧妙的語言岔開話題是最明智的方法。

02 抓住對方的漏洞作為反駁的突破口

反駁是人與人交談中非常重要的一部分內容，反駁的過程實際上是辯論的過程。在這個思想交鋒的過程中充滿了技巧性和藝術性。

在日常生活中，我們常會遇到這種情況：明知對方所講的話不對，卻不知如何反駁。即使進行反駁，也往往駁不到點子上，甚至給對方留下反擊的把柄。但是，如果我們善於尋找反駁的最有利的突破口，那就能一箭中的，輕易地駁倒對方。

一個富翁請畫家為他畫肖像，畫好後，他拒絕支付議定的五千元報酬，理由是：「畫的根本不是我。」

不久，畫家把這幅肖像公開展覽，題名為：《賊》。

富翁知道後，萬分惱怒，打電話向畫家抗議。「這事與你有什麼關係？」畫家平靜地說，「那幅畫畫的又不是你！」

這個畫家並沒有和富翁大吵大鬧，而是用自己的智慧找到了可以對富翁進行反駁的突破口，而且非常成功，讓富翁不得不買下這幅畫。可見，反駁是一種技術，也是一種藝術，而如何選擇最有利的突破口，是反駁成功的前提。

什麼是選擇反駁的突破口呢？實際上就是在反駁過程中，針對對方理論中論題、論據或論證方式上的漏洞，運用反駁的藝術，從對方的一個個漏洞入手進行反駁，最後達到取勝的目的。對方的漏洞找得越準確，反駁突破口的選擇也就越準確，就越能在爭執中迅速地取得重大突破，使對方啞口無言，心服口服。

如何選擇最有利的突破口呢？這必須從辯論實際情況出發。在具體進行選擇時，可從以下三個方面入手：

一、盯住對方真正的薄弱環節

只有抓住了對方論點的致命缺點，才意味著論辯活動有了重大的實質性的進展，所以反駁的突破口必須選在對方真正的薄弱環節上。

反駁是引用已知為真的某一判斷為根據，來確定某一判斷的虛偽性的思維和辯論過程。從一定意義上說，它是證明的一種獨特的、辯證的形式。論點是論辯者對論證的問題提出的看法或主張，是論辯的關鍵所在。證明論點的真偽，是論辯所必須要完成的目的。反駁論點，即用同對方論點相反的判斷來直接證明對方論點的虛假性。

反駁論點，首先要明確對方論點中的主要概念。如果論點中主要概念含糊不清，那麼論點就留下了致命的弱點，給對方留下可乘之機，導致其輕鬆獲勝。

其次，要注意在辯論過程中對方的論題是否自始至終一致。因為有時，對方為轉移重點、迷惑你方，而「轉移論題」或「偷換論題」。無論對方有意或無意地「轉移論題」或「偷換論題」，我們都應該抓住不放、窮追猛打，直到駁倒對方。

選擇最有利的突破口時，必須做到有理、有利、善於組織合理的進攻。

二、證明對方的論據是虛偽的

論據是對方為證明自己論點的正確所提出的根據。辯論中如果能夠證明對方的論據是虛偽的，其論點也就不攻自破了。所以，反駁的突破口必須選在對方的主要論據上。

在反駁中，根據需要與可能，可採取一種或多種方式進行。駁倒對方的論據或論證，並不等於駁倒了對方的論點。事實上，在論據虛假或未經驗證的情況下，論點卻有可能是真的。因此，要注意反駁的嚴密性、科學性。只有站在進可攻、退可守的地位，才能更有效地制服對方。

三、採用合乎邏輯規則的論證方式

一個真實的論點，除了需要有充分而又真實的論據外，還必須有合乎邏輯規則的論證方式。如果對方在論證方法上存在著論據與論點脫節的錯誤，那麼，對方的論點也就難以成立。

反駁的突破口還可以選擇在對方的論證方法上。反駁是透過推理來實現的，所以，也必須遵守推理的規則。

嚴格遵守邏輯推理原則，一是被反駁的論點、論據和論證，必須確定是對方的思想；二是在反駁的過程中，反駁的對象必須確定，不得偷換，否則，會抓不住關鍵、貽誤戰機。

03 有力反駁對方不適當的言行

一個吝嗇的老闆叫夥計去買酒，夥計向他要錢，他說：「用錢買酒，這是誰都能辦到的；如果不花錢買酒，那才是有能耐的人。」

一會兒夥計提著空瓶回來了。

老闆十分惱火，責罵道：「你要我喝什麼？」

夥計不慌不忙地回答說：「從有酒的瓶裡喝到酒，這是誰都能辦到的；如果能從空瓶裡喝到酒，那才是真正有能耐的人。」

顯然，老闆想不花錢喝酒的言行是不適當的，而如果夥計不知如何機智應對的話，或者可能遭到老闆的嚴厲斥責，或者自己貼錢替老闆買酒。

在現實生活中，反駁別人的不適當言行可採用這樣一些技巧：

一、比對方更荒謬

一位記者向扎伊爾總統蒙博托說：「你很富有。據說你的財產達三十億美元！」顯然，這一提問是針對蒙博托本人政治上是否廉潔而來的。對於蒙博托來說，這是一個極其嚴肅而易動感情的敏感問題。蒙博托聽了後發出長時間的哈哈大笑，然後反問道：

「一位比利時議員說我有六十億美元！你聽到了吧？」

記者的提問顯然是認為扎伊爾總統蒙博托不廉潔，但並沒直說，而是用引證的方式來委婉表達的，蒙博托如果發脾氣正顏厲色地駁斥，則既有失風度體統，又有「此地無銀三百兩」之嫌；心平氣和地解釋恐怕也行不通，謠傳的事情能夠三言兩語澄清真相嗎？於是蒙博托除了用「長時間的哈哈大笑」這種體態語表示不屑一顧外，還引用一位比利時議員的話來反問記者，似乎在嘲弄記者的孤陋寡聞，但實際上是以更大的顯然是虛構的數字來間接地否定了記者的提問。

二、委婉點撥

十九世紀義大利著名歌劇作曲家羅西尼，對自己的創作，非常嚴肅認真，非常注意獨創性。對那些模仿、抄襲行為深惡痛絕。

有一次，一位作曲家演奏自己的新作，特意請羅西尼去聽他的演奏。羅西尼坐在前排，興趣勃勃地聽著，開始聽得鑾入神，繼而有點不安，再而臉上出現不快的神色。

演奏按其章節繼續演下去，羅西尼邊聽邊不時把帽子脫下又戴上，過一會，又把帽子脫下，又戴上，這樣，脫下戴上，戴上又脫下，接連好幾次……

那位作曲家也注意到了羅西尼的這個奇怪的動作和表情，就問他：「這裡的演出條件不好，是不是太熱了？」

「不，」羅西尼說，「我有一見熟人就脫帽的習慣，在閣下的曲子裡，我碰到那麼多熟人，不得不頻頻脫帽了。」

藝術貴在獨創，這樣才能形成帶有個性特徵的風格乃至形成流派；抄襲與模仿，則只能在藝術巨匠的濃陰中苟且偷生，毫無建樹。因此，要反對單純的模仿，更要杜絕抄襲行為。十九世紀義大利著名歌劇作曲家羅西尼對模仿、抄襲行為的深惡痛絕概源於此。然而，直接的指斥恐怕會使對方十分難堪，羅西尼便用體態語及其說明（一見熟人就脫帽的習慣）來委婉地表示：「在閣下的曲子裡我碰到那麼多熟人」，言外之意是你抄襲了他們的作品。雖然沒有明說，那位作曲家的臉一定會漲得通紅！

三、針鋒相對

有一位女作家寫完了一部長篇小說，發表後引起轟動，一時成為最暢銷的熱門書。有個評論家曾向女作家求婚遭到拒絕，懷恨在心，經常在評論中旁敲側擊地貶低這個女作家的才幹。有一次文學界舉行聚會，許多人當面向女作家表示祝賀，稱讚作品的成功。女作家一一表示感謝。那位評論家忽然分開眾人，擠到前面，大聲向女作家說道：

「您這部書的確十分精彩，但不知您能否透露一下祕密。這本書究竟是誰替您寫的？」

女作家還陶醉在眾人的讚揚聲中，冷不防他竟會提出這樣的問題，就在她一愣的剎那，已有人偷偷發笑了。女作家立即清醒地估量了形勢，做問題以外的爭吵於自己不利，她馬上鎮靜下來，露出謙和的笑容，對評論家說道：

「您能這樣公正恰當地評價我的作品，我感到十分榮幸，並向您表示由衷的感激！但不知您能否告訴我，這一本書是誰替您讀的呢？」

評論家的問話，用意十分明顯。而女作家的反問，同樣針鋒相對，潛台詞是說，你從來不認真讀別人的作品，所作的評論無非信口雌黃。連書都不讀的人，有什麼資格作評論！巧妙的反問，使評論家陷入了十分狼狽的處境。

04 採取咄咄逼人的方式對待挑釁者

馮玉祥任職陝西督軍時，得知有兩個外國人私自到終南山打獵，打死了兩頭珍貴的野牛，馮玉祥把他們召到西安，責問道：「你們到終南山行獵，和誰打過招呼？領到許可證沒有？」

對方回答：「我們打的是無主野牛，用不著通報任何人。」

馮玉祥將軍聽了，帶著怒氣說：「終南山是陝西的轄地，野牛是中國領土內的東西，怎麼會是無主呢？你們不經批准私自行獵，就是違法。」

兩個外國人狡辯說：「這次到陝西，在貴國發給的護照上，不是准許帶槍嗎？可見我們打獵已經獲得貴國政府的許可，怎麼是私自打獵呢？」

馮玉祥將軍反駁說：「准許你們攜帶獵槍，就是准許你們打獵嗎？若准許你們攜帶手槍，難道就表示你們可以在中國境內隨意殺人嗎？」

其中一個外國人不服氣，繼續說：「我在中國十五年，所到的地方沒有不准打獵的；再說，中國的法律也沒有規定外國人不准在境內打獵。」

馮將軍冷笑著說：「的確是沒有規定外國人不准打獵的條文；但是，難道就有准許外國人打獵的條文嗎？你十五年沒遇到官府的禁止，那是他們昏庸。現在我身為陝西的地方官，我沒有昏庸，我負有國家人民交託的保家衛國之責，就非禁止不可。」

聽著馮玉祥將軍咄咄逼人、理直氣壯的話語，看看他的凜然正氣，兩個外國人發毛了，只好承認了錯誤。

在維護自己的權益時，最重要的要點，是講究分寸，把握尺度。當別人恬不知恥的時候，我們就不能太委婉或含糊，而是應該正氣凜然，咄咄逼人。

賀龍元帥年輕的時候，就曾採取巧妙的策略，正氣凜然地巧治洋人。

一九二五年，澧州（在今湖南省）軍事長官賀龍得到下屬連長的報告：在津市附近抓住了一個私運軍火和鴉片的英軍商人，走私物資已被扣留。

沒過多久，一位英國領事館的官員在湖南省政府的一名官員的陪同下來見賀龍。這個英國人趾高氣揚，顯得十分的傲慢，氣勢洶洶地要找賀龍算帳。賀龍把來者請進會客室，問英國人有何貴事。

英國官員聳聳肩說：「敝國一名在津市做買賣的商人遭到您部下的扣留，財物也被搶走。我要求您，把事情重新處理一下。」

賀龍聽罷不動聲色地回答：「我已知道這件事，並已派人前往調查，等調查後，我會做出適當的處理的。」

英國人以為賀龍心發虛了，便更加猖狂地說：「每一件被搶走的東西都必須得到賠償。」

賀龍說：「那麼，就請您在這張單子上把不見的物資列出來吧。」

賀龍的這種故作謙卑的舉動，使傲慢的英國人以為賀龍會乖乖地奉還全部走私品，卻沒想到賀龍這是在施展他的誘敵之計。於是英國人就在單子上把走私品一一地寫了出來。

就在這時，一名士兵進來向賀龍報告：「調查完畢，我們的人確實在津市扣留了一個英國商人攜帶的一批物資，都是槍支，彈藥和鴉片。」

「好！」賀龍說著，他走到英國人面前，「把這些都寫下來。」英國人按照賀龍的要求填好單子，簽了名。賀龍拿過單子看了一遍，突然他把臉一沉，一拳擊在桌子上，說道：「我正要查處這些軍火和鴉片的走私商呢！」於是他命令把被查封的走私品送來，之後他把實物同單子進行了一一的核對，對英國人說道：「你們已經觸犯了中國法律。」

這個英國官員一聽，頓時瞠目結舌，呆若木雞，再也無力反駁了，只好悻悻地離去。

採取正氣凜然、咄咄逼人的方式的確具有非凡的效果，只是要把握好分寸，不到萬不得已，或對方實在刁蠻時，最好不要用，因為這樣會顯得氣氛緊張，雙方的關係也容易鬧僵。

05 在對比中把自己的長處發揮出來

在論辯中，優勢和劣勢是相對而言的。

有的論辯者先承認自己的短處，繼而再闡述自己短處中有長處的因素，以短處來襯托長處，在對比中把自己的長處充分地發揮出來，進而化劣勢為優劣，變被動為主動，取得以弱勝強的論辯效果。這就是以短托長論辯術。

美國國內戰爭之後，約翰．愛倫在競選國會議員時，對手是他的老上司陶克將軍。陶克將軍功勳卓著，曾任過兩三次國會議員。

在競選中，陶克說：「諸位同胞們，記得就在十七年前的昨天晚上。我曾帶兵在茶座山與敵人激戰，經過激烈的血戰後，我在山上的樹叢裡睡了一個晚上，如果大家沒有忘記那次艱苦卓絕的戰鬥，請在選舉中，也不要忘記那些吃盡苦頭、風餐露宿而屢建戰功的人。」

陶克將軍列舉自己的故績，想喚起選民們對他的充分信任，在競選中取得優勢。

而約翰・愛倫說：「同胞們，陶克將軍說得沒錯，他確實在那次戰爭中立了奇功。我當時是他手下的一個無名小卒，替他出生入死，衝鋒陷陣。這還不算，當他在樹叢中安睡時，我還攜帶著武器，站在荒野上，飽嘗了寒風冷露的滋味來保護他。凡身為將軍，睡時需哨兵守衛的，請選舉陶克將軍；若也是哨兵，需為酣睡的將軍守衛的，請選舉愛倫。」

事實很清楚，在南北戰爭中充任將軍的，畢竟是極少數人，而浴血奮戰的普通士兵畢竟佔了絕大多數。愛倫以他精彩的辯辭，贏得了選民的同情心，於是在競爭中獲勝。

約翰・愛倫在論辯中獲勝主要用了以短托長論辯術。

論功績，愛倫當然比不過陶克將軍。愛倫避開這點截住對方後路，只就戰後在山上露宿這一點來講。將軍雖然辛苦，畢竟還可以在樹叢中安睡，而戰士則要站崗來保衛他。對於這一晚上來講，愛倫的「功績」大於將軍，換一個角度，短處就成了長處。

另一方面，愛倫承認對方是將軍，立下奇功，承認自己的短處，是一個「無名小卒」。這種坦誠的表白，贏得了聽眾的好感。然後極力說明像他這樣出生入死而無功可論的普通士兵，更能代表民眾的意志，進而爭取到選民的認同。愛倫抓住了選民的心理，在自己的「短處」上大做文章，用「以短托長」論辯術，改變了論辯局勢，終於以弱勝強。

在論辯中使用以短托長的論辯術要注意以下幾點：一是要勇於承認自己的短處，這是一種信心的表現；二是要善於從自己的短處中挖掘長處的因素；三是要善於靜待戰機，乘隙而反擊。

總之，論辯中一時處於劣勢並不可怕，可怕的是自己心理上打敗仗，如果那樣，就只能處於守勢，步步後退，被對方逼得沒有招架之功。但只要你有自信心和勇氣，再恰當地運用以短托長論辯術，一定可以使你變劣勢為優勢，取得論辯的成功。

06 說話的力量在真理，而不在音高

「有理不在音高」這句俗話，或多或少可以窺到辯論時一種常見的現象——即雙方由於情緒激動，自覺不自覺提高聲調，似乎不但想在道理上壓倒對方，在聲音上也要壓倒對方。

實際上，這是不必要的。說話的力量在真理，而不在於音高。列寧說過：「要更冷靜地分析論據，更詳細地、更簡明地反覆說明事實真相。這樣也只有這樣才能保證獲得絕對的勝利。」當然，提高聲調可能有助於表達，但這種提高必須有節制，為的是更好表達說話內容，而不是「壓」倒對方。當頭腦發熱時，高聲調會把一些不冷靜的情緒淋漓盡致地發洩出來，引起副作用；而且，從聽者來講，一味的「高腔」，反而會成為噪音。

說話的語氣要盡量平靜，該高的時候，也要考慮到保持能把辯論繼續下去的氣氛，不是大是大非的原則問題，更要考慮到彼此團結的大前提。只有態度嚴肅，才可能有利於雙方辯論中冷靜考慮自己或對方的問題，才有利於有條不紊地闡述各自的道理，才有可能保持一種探求真理的氣氛。

戰國時期，楚平王曾為太子建聘下佳人孟嬴為妻，可是後來卻又反悔，把孟嬴納為自己的小妾，把太子建派出京城，並讓奮揚保太子，臨行時一語雙關地對奮揚說：「事太子如事寡人！」後來乾脆要奮揚以謀反罪殺死太子。

奮揚非常同情太子，密告太子，並要太子速逃。

太子建逃到宋國去了，奮揚才趕到城父。

奮揚知道太子已經逃走了，便命人將自己綁起來，押到楚平王面前說：「太子已經逃走了。」

楚平王大怒，說：「我只告訴了你一個人，除了你，還會有誰告訴給太子？」

奮揚說：「的確是我通報太子的，大王您曾對我說：『侍奉太子就像侍奉寡人一樣。』臣謹守這句話，不敢有二心，所以就把這件事告訴了他。後來，才想到自己犯了罪，但後悔已經晚了。」

楚平王問：「你既然敢偷偷放走太子，難道不怕死嗎？」

奮揚說：「本來就沒有執行大王的命令，倘若還怕死不敢來的話，那豈不是又犯一罪嗎？而且太子本來就沒有叛逆行為的，殺他是沒有道理的，倘若能以我之死保全太子的性命的話，臣已經很滿足了。」

楚平王聽了，略有愧色，過了很久才說：「奮揚雖然違背王命，但忠直可嘉。」就不再治他的罪，任命他為城父司馬。

分析奮揚的自辯過錯，他緊承平王的問話，進行了有理有據的反駁。

首先，他便封住了平王的嘴——你要我「事太子如事寡人」，今天救太子，如同救您一樣，是無罪的，怕從何來？

其次，他從太子不曾謀反入手，從根本上否定了這起冤案。對於無罪的太子，奮揚不殺，不僅無罪，而且有功。當然，也就無怕可言。這就不能不讓當事者認真考慮一下自己枉殺無辜的過錯了。

接著，奮揚寧以自己之死，換得太子之生，表現出耿耿忠心，更令人感動。

奮揚正是動之以情，曉之以理，震動了平王的惻隱之心，使之恢復了良知，從愧悔之中認識到奮揚「忠直可嘉」不僅不能殺死，還要繼續使用！

奮揚以利舌自辯，層層遞進，步步為營，於死地而得生。這種辯術，非常值得我們學習和借鑒。

07 投其所好，出其不意戰勝對方

論辯是參辯雙方的一種逆向抗衡，而這種抗衡往往針鋒相對，僵持不下。要想突破僵局，取得論辯的勝利，不妨另闢蹊徑，變逆為順，採用一種「投其所好」的戰術，從順向的角度，向對方發起一場心理攻勢。

在順的過程中，乘勢化解對方的攻勢，發現對方的破綻，捕捉突破的戰機，進而出其不意地戰勝對方。下面是這方面的高手在實戰中巧妙運用這種技巧的值得借鑒的經驗。

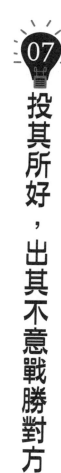

一、「投其所好」能捕捉戰機

律師倫斯為有殺妻嫌疑的亨利辯護，這時律師麥納斯提出了對亨利十分不利的證據：亨利曾向麥納斯提出過，要麥納斯幫助他與妻子離婚，並由此推論亨利在無法達到離婚目的時，會採取極端措施。

倫斯知道，要直接反駁「要求離婚就有殺人動機」是困難的。於是他採取了「投其所好」的策略，與對方周旋，以圖找到最佳戰機。倫斯向麥納斯承認，自己對離婚是外行，一邊恭敬地問對方是不是很忙。麥納斯躊躇滿志地回答：「要我處理的案子要多少有多少。」後來又補充說，每年至少有兩百件。

倫斯讚歎說：「呀！一年兩百件，您真是離婚案的專家，光是寫文件就夠您忙的了。」

麥納斯的聲音猶豫起來，感到說得太多人們難以相信，就只好承認說：「可是……其中有些人……嗯……因為這樣那樣的原因改變了主意。」

破綻出現了，倫斯抓住這一點，進一步誘導道：「啊！您是說有重新和好的可能，那大概有十%的人不想為離婚付諸行動？」

麥納斯說：「百分比還要高一些。」

「高多少，十一%？二十%？」

「接近四十%。」

倫斯用驚奇的眼光盯著他說：「麥納斯先生，您是說去找您的人中有近一半最後決定不離婚？」

「是的。」麥納斯突然感到有點不妥，但退路已經沒有了。

「嗯，我想這不會是因為他們對您的能力缺乏信任吧？」

「當然不是！」麥納斯急忙自我辯解，「他們常常一時衝動，就跑來找我。可是一旦真的要離婚，便改變了主意……」他突然止住，意識到自己上當了。

「謝謝，」倫斯說，「你真幫了我的大忙。」

在這場法庭論辯中，倫斯見正面反駁難度較大，就採用了「投其所好」術，從側面迂迴。他先坦率地承認自己對離婚案是外行，恭維對方很忙，當對方得意忘形，鼓吹自己處理離婚案件的數目時，又進一步恭維對方是離婚案專家。當對方感到吹過了頭，說有些人因這樣那樣的原因改變了主意時，戰機出現了。倫斯抓住這一點，步步誘導，最後使對方說出了自己否定自己的話。

由這個實例可見，在論辯中如果正面說理難以奏效，可以採用「投其所好」術，與對方巧妙周旋，對方對抗心理弱化，疏於防範，就有可能自我暴露出一些破綻，這就為我方提供了戰機，接著我方乘隙而入，即可一舉制敵。可見「投其所好」是論辯中的「迂迴」之計。

二、「投其所好」能誘敵入彀

一天，一位面容嬌美的女子在馬路上走。突然她發現後面有一個不懷好意的男人年在其後緊追不捨，怎麼辦呢？焦急中她忽然有了主意。她回過頭來對這個男人說：「你為什麼老跟著我？」

男青年嬉皮笑臉說：「妳太美了，真讓人著迷，我真心愛妳，讓我們交個朋友吧！」

女子嫣然一笑，說：「謝謝你的誇獎，在我後面走的女子是我妹妹，她比我更美。」

「真的嗎？」男人非常高興，馬上回過頭去，但卻不見女子的身影。他知道上當了，又去追趕那位漂亮女子，質問她為什麼騙人。

女子說：「不，是你騙了我。如果你真心愛我，那麼為什麼去追另一個女人？經不起考驗，還想跟我交朋友，請你走開！」

男人被說得面紅耳赤，訕訕地溜走了。

這位女子之所以能制服男人，就是順著對方貪圖美色的心理，「投其所好」，設計誘之。對方不知是計，卻去追更美的女子，這就使其醜惡的嘴臉暴露無遺。女子順勢反擊，讓對方自暴其醜，無地自容，達到了目的。

從這個實例可見，論辯中的「投其所好」術，實際也是一種「誘敵」戰術，抓住對方的需求和動機，設下圈套，誘敵深入，對方進入伏擊圈後，我方就可猛烈出擊，戰勝對方。

三、「投其所好」能巧佈疑陣

一位顧客來到某酒店喝酒，店主以半杯酒當滿杯賣給他。他喝完第二杯後，轉身問店主：「你們這兒一星期能賣多少桶酒？」

「三十五桶。」店主洋洋得意地回答。

「那麼，」顧客說，「我倒想出了一個能使你每星期賣掉七十桶的辦法。」

店主很驚訝，忙問：「什麼辦法？」

「很簡單，你只要將每個杯子裡的酒裝滿就行了。」

聰明的顧客在此利用店主唯利是圖的心理，「投其所好」，巧設圈套，待其落入，再奮力一擊，揭露了店主的半杯酒充一杯酒的惡劣行徑。此種說法比起一般的斥責要有力得多，也深刻得多。

由這個實例可見，「投其所好」術又是論辯中的「疑兵」之計，可以迎合對方的某種愛好和心理，巧佈疑陣，麻痺對方，使之放鬆警惕，誤入陷阱，進而達到戰勝對方的目的。

四、「投其所好」能反客為主

一位知識測驗的主持人向一位應考者提問：「先生，您是足球方面的行家，理所當然知道所有足球方面的事，是嗎？」

「那當然。」應考者悠然地答道。

「那麼，請問球門上的球網有多少個孔？」

應考者一愣，但隨即鎮定下來，說：「能提出這樣問題的一定是知識十分淵博的大學問家。」

「那當然。」主持人面露喜色地答道。

「那麼，你一定知道保塞尼亞斯是一個什麼樣的人，他研究的是什麼學問？」應考者問道。

「保塞尼亞斯是古希臘一位能言善辯的哲學家。」主持人自信地答道。

「完全正確。」應考者又問道：「你知道有關保塞尼亞斯的一件軼事嗎？有一次，雅典的首席執政官聽說保塞尼亞斯很有口才，想當眾考他一下，就請他出席貴族會議。首席執政官讓每一個貴族議員提一個難題，請他用一句話來回答所有的難題。貴族議員一個接一個向他提了幾十個難題，而保塞尼亞斯只用了十分簡單的一句話，就回答了所有的難題。你知道他說的是一句什麼話嗎？」

「面對這麼多的難題，他只能說『我不知道』。」主持人得意地回答。

「完全正確，您真不愧為是保塞尼亞斯的後代。」應考者又問道：「今天我想再提一個問題，你還能再用一句話回答嗎？」

「請問吧！」主持人頗為自負地答應了。

「那麼，現在我問你，足球球門上的網有多少個孔？」

「啊，嗯……」主持人無言以對。

在這裡，應考者面對主持人的刁問發難，先巧妙地迴避，再「投其所好」恭維主持人「知識淵博」，主持人在自我陶醉中不知不覺充當了被考者的角色。應考者又一再恭維他「回答正確」、「完全正確」，使主持人更加自鳴得意，完全忘記了自己的角色身分，最後落入了對方的陷阱。

而應考者巧妙地運用「投其所好」術，反客為主，反守為攻，掌握了論辯的主動權，反而控制了主持人，也使自己的知識水平、應變能力和傑出的辯才得到了充分的展示。

08 軟硬兼施地去辯駁

高明的論辯者在論辯中，經常會採用軟的、硬的手段一齊施展，雙管齊下，直至最後取得論辯勝利的論辯技巧。

春秋時期，秦穆公發兵進攻晉國。在韓原大戰中，晉軍大敗，晉惠王被俘。三個多月後，秦穆公才允許晉國講和。於是，被扣押的晉惠王便派人從國內召呂甥使秦迎回自己。

呂甥奉命使秦。他意識到：戰場上的失利，加上自己的國君又在秦國手裡，他每一句話都關係到國君的安危，面臨的是一場舉足輕重的外交談判鬥爭。

秦穆公在王城會見了他。主賓坐定後，秦穆公問：「晉國人近來團結嗎？」

「不團結。」呂甥作了反常的回答。

「為什麼？」

「老百姓恥於國君被俘，哀悼死於戰爭的親人，不怕徵稅練兵，他們一直叫喊著一定要報仇。那些做官的愛戴自己的國君，並且知道自己的罪過，不願徵稅練兵，以等待秦國的命令，他們一定要報答秦國的恩惠，即使死了，也不能有二心。因此，晉國人不團結。」

呂甥這裡運用軟硬兼施的論辯術，他在回答「不團結」之原因時，向秦穆公暗暗拋出了兩把「刀子」：一把是「硬刀子」，即借百姓之口，表達了晉國人不畏強暴，誓死報仇雪恨的決心，以死敵秦的姿態，要挾秦穆公，迫使他早作放還晉惠王的打算；另一把是「軟刀子」，即借做官人之口，以順服的言辭，表達了晉國人對秦穆公放還晉惠王的期待。

面對呂甥的軟硬兼施式的論辯，秦穆公雖非等閒之輩，但也欲發作而不能，無可奈何，只得轉移話題問呂甥：

「你們晉國人怎樣看待自己的國君呢？」

呂甥發覺秦穆公轉移話題是試探晉國內部對晉惠王的態度，便馬上抓住時機再次施軟硬兼施術：「小人們不知事理，只知憂慮，認為我們國君必定要被您處死；君子們用自己的心推測別人的心，認為您必然會歸還我君。小人們說：『我們對不起秦國，秦國肯定不會放還我君的。』君子們則說：『我們已經認罪，秦國肯定會放還我君的。』恩德沒有比放還我君更厚的，刑罰沒有比俘虜我君更威的。服罪的人懷念恩德，二心的人畏懼刑罰，以此舉動，秦國可以稱霸天下了。假如扣押不放，就會以德報怨，秦君是不會那麼做的。」

儘管呂甥的這番答話軟得可以，但軟中有硬，柔中有剛，其語是逼秦穆公在當小人還是當君子之間作出選擇，將他置於兩難的境地。

秦穆公句句聽得真切，權衡一下利弊後說道：「這正是我的本意啊。」於是，他立即釋放晉惠王。

呂甥儘管處在一個艱難的處境，但他不卑不亢，採用軟硬兼施的論辯術，終於變被動為主動，取得了談判的勝利。

軟硬兼施論辯術用於對敵鬥爭，實在是一種很好的辦法，就是在日常生活中，也有其用武之地，如在審訊中或外交談判、商業談判中，都用得上。

此論辯術中硬是關鍵，軟是鋪墊，既「打」又「撫」，兩者相輔相成，共同生威，逼人就範。但應根據不同的場合，有選擇地使用軟的一手和硬的一手，或先軟後硬，或先硬後軟，或軟中夾硬，或硬中帶軟。

09 善用針鋒相對論辯術

在生活中，口才高手還非常善於運用針鋒相對論辯術。針鋒相對論辯術，顧名思義，就是當論敵言辭鋒利時，我方的言辭更鋒利；論敵有氣勢，我更有氣勢。這就是人們常說的「針尖對麥芒」。

十九世紀德國政治家俾斯麥，一次在聖彼得堡參加舞會，他頻頻讚美身邊的舞伴，說她美若天仙。

那位女士說什麼也不相信他的話，說：「外交官的話從來不可信。」

俾斯麥問她為什麼。

她說：「很簡單，當外交官說『是』的時候，意思是『可能』；說『可能』的意思是『不行』；嘴上若真的說『不行』，那他就不會是外交官了。」

「夫人，您說得完全正確，」俾斯麥說，「這可能是我們職業上的特點，我們不能不這樣做，但妳們女人卻正相反。」

女士問他為什麼，他說：「很簡單，當女人說『不行』時，意思其實是『可能』；女人說『可能』時，意思是『是』；嘴上若真說出『是』，那她就不是女人了。」

俾斯麥的論辯，針鋒相對，還不失幽默。這真可謂「運用之妙」全然「存乎一心」。

蕭伯納身材很瘦。有一次他去參加一個小宴會，一個腦滿腸肥的資本家笑著對他說：「啊，蕭伯納先生，一見到您，我就知道世界上現在正鬧饑荒！」

蕭伯納立刻回答道：「嗯，先生，我一見到您，就知道世界上正在鬧饑荒的原因。」

既然瘦是因為正在鬧饑荒，那麼胖就是鬧饑荒的原因。資本家本想刻薄地譏笑一下蕭伯納，想不到搬石頭砸到了自己的腳。

丹麥著名童話作家安徒生一生儉樸，常常戴頂破舊的帽子在街上蹓躂。

有個傢伙嘲笑他道：「你腦袋上邊的那玩意是個什麼東西，能算頂帽子嗎？」

安徒生立刻反唇相譏地回敬道：「你帽子底下那玩意是個什麼東西，能算個腦袋嗎？」

聰明的人受到對方無理的指責後，會迅速以針鋒相對的形式反過來譏諷對方。它是一種以強對強的論辯技巧。在日常生活中，這種技巧還可以被運用得更加靈活和多樣。

德國著名鋼琴家庫勒克有一次忽然得到一張請柬，邀請他出席富翁白林克舉行的一次宴會。庫勒克想，素不相識的富翁，為什麼突然這樣看重自己？他帶著這個問題，參加宴會。

與會者都是一些俗不可耐紳士淑女，庫勒克很不快，但又不便中途退席。酒過三巡，主人白林克請庫勒克彈鋼琴。庫勒克不好拒絕，只好勉強彈了一曲。

事後瞭解，這位白林克是個皮鞋匠，他舉行的這個宴會，就是想巴結所謂的上流社會，而庫勒克是作為助興的樂師參加宴會的。這對庫勒克是一種污辱。

不久，庫勒克也舉行一次宴會，特邀富翁白林克參加。到會的除了一些文學藝術界的名人外，也請了那晚參加了皮鞋匠所舉辦的宴會的闊佬、少爺和小姐們。

飯後，庫勒克捧出一雙破舊的皮靴來，遞給白林克說：「請你幫我補這雙皮靴！」

白林克驚奇地問：「這是什麼意思？」

庫勒克不慌不忙地說：「我是個鋼琴家，你是個皮鞋匠，上次你叫我當眾彈鋼琴給你聽，這次你也要當眾替我補皮鞋。」

庫勒克說完大笑，也引起哄堂大笑，只有白林克哭笑不得，出盡洋相。白林克戲弄庫勒克，庫勒克針鋒相對，真可謂「道高一尺，魔高一丈」。

運用針鋒相對論辯術時，要堅信自己的觀點，對自己要充滿自信，這樣才能一身正氣，光明磊落；要步步進逼，不能有半點退縮；要從心理上征服對方，要有氣勢磅礴的力度。

10 使對方陷入了答非所問的境地

在生活中，高明的論辯者會抓住話題的某一點作引子，設置類推提問，使對方陷入一種很難維護自己觀點的境地（即如果回答稍為不慎就會陷入自我否定或自相矛盾之中），以達到取勝目的的論辯技巧。

有一天，蘇格拉底像往常一樣，衣著不整，光著腳板來到市場上。突然，他拉住一個從他旁邊走過的人，說：「勞駕，我有一個問題弄不明白，向你請教。人人都說要做有道德的人。什麼是道德呢？」

那人回答說：「做人要忠誠老實，不能欺騙人。這是大家都公認的道德行為。」

蘇格拉底問：「你說道德就是不能騙人。但是在和敵人交戰的時候，我方的將領為了戰勝敵人，取得勝利，總是想盡一切辦法欺騙敵人。你能說這種欺騙是不道德的嗎？」

那人答：「對敵人進行欺騙當然是符合道德的，但欺騙自己人就是不道德的了。」

蘇格拉底問：「在和敵人作戰時，我軍被包圍了，處境困難，士氣低落。將領為了鼓舞士氣，組織突圍，就欺騙士兵說，我們的援軍已經到了，大家奮力突圍出去。結果，士氣大振，突圍成功。這個將領欺騙自己的士兵也是不道德的嗎？」

那人答：「那是在戰爭中無可奈何時才這樣做的。我們在日常生活中就不能騙人了。」

蘇格拉底問：「在日常生活中，我們常常遇到這種情況，當父親的非常溺愛兒子，可是兒子生病了，父親拿來藥兒子又不願意吃，於是，父親就哄兒子說，這不是藥，是一種很好吃的東西，你能說這種欺騙是不道德的嗎？」

那人只好承認說：「這種欺騙是符合道德的。」

蘇格拉底又問：「不騙人是道德的，騙人也可以說是道德的。那就是說，什麼是道德不能用騙不騙人來說明，那麼究竟用什麼來說明呢？還是請你告訴我吧！」

那人只好回答說：「不知道德就不能做到道德，知了道德就是道德。」

蘇格拉底聽了十分高興，對那人說：「你真是一位偉大的哲學家，你告訴我說道德就是關於道德本身的知識，使我弄清了一個長期搞不清的問題，我對你表示誠摯的感謝。」

事實上，蘇格拉底是在巧妙地運用論辯術，透過向外人請教的方法，來傳播自己的思想。他聲稱「自知無知」，只有把問題提出來請教，但是當別人作出回答時，他又對其他種種答案進行反駁、「譏諷」，最後，終於引導對方把蘇格拉底所主張的觀點說出來。由上可見，蘇格拉底的論辯術是在一連串的提問中使對方陷入了答非所問的境地。其實，這種論辯術是混淆個別與一般關係的提問式手法，因此，人們很容易陷入這種混亂之中，可見它並非笨拙。在論辯中，這也是使對方陷入困境的一種論辯技巧。

11 正面迎擊批評，巧妙進行反駁

在生活中，我們難免要面對別人的批評，這些批評有善意的，也有惡意的。尤其是面對藐視我們的惡意批評的時候，我們該如何得體應對呢？在這方面，康能和林肯的做法就非常值得我們借鑑。

康能第一次在美國眾議院演講的時候，被言詞犀利的新澤西州的代表非爾卜斯中途這樣譏諷了一句：「這位從伊利諾伊州來的先生，口袋裡恐怕裝的是燕麥吧？」

全院的人聽了便哄堂大笑，假如被譏諷的是一個臉皮薄的人，恐怕就會不知所措了；但是康能卻不然，他外表雖然粗蠻，但內心卻明白這句話是事實。

「我不僅口袋裡有燕麥，而且頭髮裡藏著種子。我們西部人大都是這樣鄉土味，不過我們的種子是好的，能夠長出好苗來。」

康能因這次的反駁，以至全國聞名，而大眾都稱他為「伊利諾伊州的種子議員」。他能夠使別人的譏諷變為稱讚和同情，因為他諳熟一種自貶的方法，這種方法我們人人都可以很容易學得的。

他知道從批評聲浪中逃走是不好的。批評就好像一隻狗一樣，狗看見你怕牠，便愈加追趕你，恐嚇你。如果某種批評把你嚇住了，你便日夜都痛苦不安。但是如果你回轉頭來對著狗，狗便不再吠叫了，反而搖著尾巴，讓你來撫摸。只要你正面迎擊對你的批評，到頭來，它反而會為你所溶化、克服。在這方面，林肯也有一段膾炙人口的故事。

林肯在當選美國總統那一刻，整個參議院的議員，那些出身望族、自認為是擠進了上流社會的人，未曾料到要面對的總統是一個卑微的鞋匠的兒子。於是，當林肯首次在參議院演講的時候，一位態度傲慢的參議員站起來說：「林肯先生，在你開始演講之前，我希望你記住，你是一個鞋匠的兒子。」所有的參議員都大笑起來，為自己雖不能打敗林肯卻能羞辱他而開懷不已。

林肯等笑聲停下來後，坦然地說：「我非常感激你使我想起我的父親，他已經去世了，我一定會永遠記住你的忠告，我永遠是鞋匠的兒子，我知道我做總統永遠無法像我父親做鞋匠做得那麼好。」

參議院一片靜默。林肯又轉身對那個傲慢的參議員說：「就我所知，我父親以前也為你的家人做過鞋子。如果你的鞋子不合腳，我可以幫你修正，雖然我不是偉大的鞋匠，但是我從小就隨父親學到了做鞋子的藝術。」

然後他對所有的參議員：「對參議院裡的任何人都一樣，如果你們穿的那雙鞋是我父親做的，而它們需要修理，我一定盡可能幫忙，但是有一件事是可以確定的，我無法像他那麼偉大，他的手藝是無人能比的。」說到這裡，林肯流下了眼淚，所有的嘲笑聲全部化成讚歎的掌聲。

只要你正面迎擊對你的批評，巧妙地進行反駁，那麼，不懷好意的對手就不僅不能傷害你，反而會「引火燒身」，自取其辱。

12 在爭辯中明辨是非，又不傷和氣

大千世界，充滿各色人等。即使這樣也不可能有和自己一模一樣的人，人與人之間必定會存在一些差別。大至思想觀念，為人處世之道，小至對某人、某事的看法、評論。這些不同程度的差異都會引起人與人之間的爭執。仔細看看我們周圍，爭辯可以說無處不在：一部電影，一本小說，一個特殊事件，某個社會問題，都能引起爭辯；甚至連某人的衣著與言談也能引起爭辯。

由於爭論的任何一方都想推翻對方的看法，樹立自己的觀點。所以，辯論不同於平常的說話，它通常是不友好的語言行為，就像比賽一樣，人們都會在不自覺中成為敵人。因此，有所謂「唇槍舌劍」之說。於是，大

多的爭辯都會形成緊張的氣氛，很容易使我們良好的交際願望落空。

那麼在辯論這種特殊交際場合中，怎樣才能既做到既明辨是非，又不傷人際和氣呢？這就要求我們在論辯之前多投入一些思考，在論辯結尾搞好「善後」工作。

首先，我們要為爭辯創建積極的格調，積極避免無益的爭辯。

在通常情況下，當我們覺得自己的意見和別人不一樣，或是自己的言行被別人否定時，我們就會奮起辯駁。往往許多毫無意義的事情就在這時發生了。為了避免無益的辯論，此時，你需對一些具體的問題進行冷靜的思考。

如果你不能獲得爭辯的最終勝利，它有什麼意義？沒有什麼積極意義，所以你大可不必動用你的「唇槍舌劍」，一笑置之最妙。遇到那些無理之徒時，保持沉默就是最大的反抗。同樣，你向別人提出「挑戰」的時候，一定要選擇有價值的，經由爭論使自己和他人都能受到啟發和教育的問題，沒必要在一些瑣事上大做文章。

當你和別人辯論時，是基於理智還是感情原因？如果是感情原因，諸如虛榮心、表現慾望或面子上下不來等，那就大可不必如此。同樣，我們向人提出問題如果有感情的因素，那麼就同辯論的實質——探求真理背道而馳了。所以，最好別去做這種不積極的提示把他人引入無謂爭辯的歧途。

對方是充滿敵意的嗎？他對你有深刻的成見嗎？如果是，那麼在這種非理性的氛圍中最好不要再火上澆油。同樣，如果你是處於這樣一種心境，絕對不要向對方提出論題辯論，因為此時你提不出理性的論點，在辯論伊始，就注定了你失敗的命運。

爭辯也是愉快的、友好的。我們進行辯論是為了明是非、求真理。只要我們的辯論出自一種保持和平的心理，那麼就使用積極、文明、恰當的論辯語言去參加辯論。

首先，要樹立正確的辯論價值觀，即為追求真、善、美而去積極地爭辯。做到觀點正確，旗幟鮮明。

其次，要樹立正確的辯論道德觀。把辯論置於科學基礎之上，以理服人，用事實說話。辯論者要有高深的涵養；不做詭辯，不揭隱私；不做人身攻擊；不把觀點的敵對引申為人際的敵對；不靠嗓門壓人，有理不在聲高，如果你能用有制有節的語氣道出你的理，其效果不亞於如雷貫耳。

最後，要用真情、善意、美感與人辯論，就能做到曉之以理、動之以情。理與情恰恰是列車通往「積極爭辯」的雙軌，缺一不可。在爭辯中，「理」是爭的目的和取勝的保證。

有位詩人說過，情是理智的心，好像一把全是鋒刃的刀，讓使用它的人滿手流血。人是感情動物，如果你在論辯中既能做到以理理論，又能以情明理，你的辯論將會成為一種愉快的、和平的思想交流。你們彼此會以這樣的話語來結束論辯：「聽君一席話，勝讀十年書。」「您讓我心服口服。」一真正是既爭出了公理，又增進了人際和諧，達到了積極論辯的目的。

當然，論辯的結果並不總能讓對方心服口服這麼理想，觀點的對立極易產生人際間的隔閡。因此，學習辯論語言不僅要學會辯論技巧，更要懂得如何「善後處理」。這就必須要講求一些基本的原則。

在生活中，失敗是在所難免的。向事實低頭並不等於向論辯者本人低頭。如果你失敗了，而且敗得其所，必須敢於向事實低頭。在真理面前人人平等。你所服從的是對方所道出的真理，只能說你同他一樣，對真理有了同等水平的認識。在人格方面你們永遠是平等的。所以，當你敗下陣來的時候，應該以坦誠的態度來表達自己在這場爭辯中所受的教益，以此道出你人格的偉大。在心理上足以彌補因辯論失敗所造成的遺憾。

在論辯中，成功了固然好，但是如果你在辯論中眼見對方啞口無言，敗勢已定，還喋喋不休地攻擊對方，那麼你即便成功了，也是不受歡迎的。聰明的做法是，拿出不殺降者的氣魄來，一是主動打住話題，結束對立場面；二是巧妙地為對方搭個台階，讓他在不失面子的前提下得以「平安下台」，勝負自是彼此心照不宣，何不抓住重歸於好的機會呢？

要注意的是，人在得意時，克制便是一種美德。如果你因辯論的需要已經把對方打得一敗塗地，切不可為了一點點虛榮把旗幟掛在臉上。爭論結束後，給對方端一杯茶，笑言一句：「瞧我們像孩子一樣，這麼認真！」或輕鬆自如地轉一個話題。

請記住：爭論是一回事，人際交情又是一回事。人性都有軟弱的一面，易被擊垮也易被扶起，你只要說一、兩句得體的話語，便可恢復剛剛失去的心理平衡，讓他重返愉快平靜，那又何樂而不為呢？

謝謝您購買 **話說到點子上：言不順，則事不成！** 這本書！

即日起，詳細填寫本卡各欄，對折免貼郵票寄回，我們每月將抽出一百名回函讀者寄出精美禮物，並享有生日當月購書優惠！

想知道更多更即時的消息，歡迎加入“永續圖書粉絲團”

您也可以利用以下傳真或是掃描圖檔寄回本公司信箱，謝謝。

傳真電話：（02）8647-3660　　信箱：yungjiuh@ms45.hinet.net

☺ 姓名：＿＿＿＿＿＿　□男　□女　　□單身　□已婚

☺ 生日：＿＿＿＿＿＿　□非會員　　□已是會員

☺ E-Mail：＿＿＿＿＿＿　電話：（　）＿＿＿＿

☺ 地址：＿＿＿＿＿＿＿＿＿＿

☺ 學歷：□高中及以下　□專科或大學　□研究所以上　□其他＿＿＿

☺ 職業：□學生　□資訊　□製造　□行銷　□服務　□金融

□傳播　□公教　□軍警　□自由　□家管　□其他＿＿＿

☺ 您購買此書的原因：□書名　□作者　□內容　□封面　□其他＿＿＿

☺ 您購買此書地點：＿＿＿＿＿＿　金額：＿＿＿

☺ 建議改進：□內容　□封面　□版面設計　□其他＿＿＿

您的建議：＿＿＿＿＿＿＿＿＿＿

剪下後傳真、掃描或寄回至「22103新北市汐止區大同路三段194號9樓之1大拓文化收」